Appauvrissez-vous !

Du même auteur

En collaboration avec Philippe Sassier, *Les Français à la corbeille*, Robert Laffont, Paris, 1985.

François de Witt

Appauvrissez-vous !

bourin éditeur

5, rue Royale 75008 Paris

à Nicolas, Julien, Clément et Valentine,
pour qu'ils m'incitent à pratiquer ce que je prêche.

Avant-propos

Ce livre doit son existence à la moiteur de l'été 1991. Il faisait en effet très chaud cette année-là. Je dirigeais à l'époque la rédaction de la *Vie Française*, un magazine financier devenu tout naturellement par la suite la *Vie... Financière* et, à ce titre, je devais produire un éditorial hebdomadaire. Quand il fait chaud, les idées viennent plus lentement. En l'occurrence, elles ne venaient pas du tout, lorsque, sorti de nulle part, un document fut glissé sur mon bureau. Le Centre d'études des revenus et de coûts venait de publier un intéressant rapport sur les revenus, ce qui n'était pas vraiment mon sujet. Mais il parlait aussi du patrimoine, qui m'intéressait davantage. Sur les trois années 1987-1989, si les salaires avaient augmenté de 0,5 % par an, le patrimoine de rapport des Français avait progressé dix fois plus rapidement. La France était riche, alors que tant de besoins n'étaient pas satisfaits.

Aussi, sous le titre « solidarité active », me laissai-je aller à imaginer que les possédants acceptaient de sacrifier spontanément (et non sous la contrainte) une infime partie (10 %) de leur enrichissement annuel, conservant pour eux les 90 % restants. Les 50 milliards de francs ainsi débloqués chaque année pouvaient, dans mon esprit, prendre utilement le chemin de « la réfection des écoles, de l'assainissement des banlieues et des œuvres humanitaires » (j'ignorais hélas ! qu'un quidam ne peut impunément financer un lycée). Un tant soit peu provocateur compte tenu de mon lectorat, plutôt âgé, je poursuivais : « Au-delà d'un certain âge, à quoi sert la thésaurisation, sinon à se donner une illusoire sécurité ? » Et je concluais, non sans une certaine emphase, qu'« en troquant un peu plus d'être contre un peu moins d'avoir, notre pays n'y perdrait pas au change ».

Bien qu'occupant mon poste depuis quatre ans, j'avais totalement sous-estimé la violence de la réaction de certains de mes lecteurs lorsqu'était abordé le sujet – ô combien sensible – de leurs sous. En dépit de la période estivale, je reçus une centaine de lettres, essentiellement d'injures. Tel lecteur m'affirma que « le devoir sacré d'un possédant, c'est de conserver jalousement les biens reçus ou acquis et de les entretenir pour enrichir les générations suivantes, jusqu'à sa disparition ». Tel autre m'invitait sentencieusement à m'abstenir de « donner des leçons de morale aux possédants, qui sont généralement des personnes méritantes, courageuses et ont, durant leur vie professionnelle, procuré du travail à de nombreuses personnes, parfois en prenant des risques financiers ». Dont acte.

Le comble fut sans doute atteint par Marcel C., de Poligny, une commune que je situe mal sur la carte. Outre le fait que selon lui, mon texte aurait pu figurer « à la première page de *l'Humanité* ou de *Témoignage Chrétien* », Marcel me rappela qu'« un grand nombre de richesses que vous montrez du doigt ne sont que des économies réalisées, au sou le sou, sur des salaires ». Encore un petit épargnant méritant. Et d'affirmer, à l'occasion d'une digression sur la retraite, que celle-ci était « encore trop tôt pour monsieur de Witt. Il a de la chance que des connards comme moi s'abonnent à la *Vie Française* pour lui verser sa confortable mensualité ». La messe était dite.

Enfin, pas tout à fait, car je décidai de publier une partie de ce déluge d'invectives, dans l'espoir de susciter une réaction inverse. Elle se produisit, sur un ton cependant mineur. Ainsi Pierre C., de Nantes, affirma n'être nullement choqué par mes conclusions qui allaient, selon lui, « dans le sens de la doctrine sociale de l'Église ». Tout en rappelant que le pape et les évêques étaient soupçonnés de marxisme, ceci expliquant sans doute certaines des injures précédentes. En attendant, j'étais récupéré par des forces dont je ne partageais pas nécessairement les convictions.

Je ne suis ni catholique, ni marxiste. Je descends d'une famille bourgeoise d'origine huguenote, aujourd'hui protestante selon le rite de l'Église réformée de France. Et je suis de droite. Je suis aussi un descendant direct de François Guizot, le premier ministre de la monarchie bourgeoise louis-philipparde, resté célèbre dans les mémoires au seul motif qu'il aurait proféré une injonction – le célèbre « enrichissez-vous » – dont non seulement la source n'a jamais été parfaitement identifiée, mais dont le texte serait tronqué. Des générations de Français se sont gaussés de cette formule suffisamment abrupte pour être critiquable, mais à laquelle il faudrait rajouter, selon l'un de mes ancêtres, « par le travail, par l'épargne et par la probité[1] ». J'ai le même respect pour ces trois valeurs. Et j'aime l'argent. Pour le dépenser, comme pour le faire fructifier. Autant dire que je souscris pleinement à la recommandation apocryphe de mon aïeul. À condition – faut-il le préciser ? – que l'épargne ait un objet autre que la simple accumulation, ce qui n'est pas toujours le cas, et de très loin.

Autant je conserve mes convictions de juillet 1991, autant mon éditorial n'aurait pas suffi à me donner envie d'écrire les pages qui suivent. D'autres circonstances ont joué leur rôle. Et notamment la prise de conscience, pour ma part relativement récente, du vieillissement progressif, mais accéléré, de notre population et de ses multiples conséquences sur le plan de notre économie. Quelles opportunités, quels espoirs les seniors dont je fais partie laisseront-ils à leurs enfants, qui n'ont, selon la formule consacrée « jamais demandé à naître » ? Le monde d'aujourd'hui est à l'évidence moins ouvert que celui qui m'a accueilli à l'issue de mes études. Or l'ouverture signifie le travail, et le travail génère la richesse. Comment une population active stagnante, selon toutes les projections, va-t-elle financer les pensionnés de demain, de plus en plus nombreux et vivant de plus en plus longtemps ? Déjà aujourd'hui, alors que la production de nouvelles richesses est lente, la solidarité dite « nationale », en réalité forcée (par l'État), qui se nourrit de ces richesses, ne fonctionne plus de manière satisfaisante. Le sauve-qui-peut prévaut. Les pouvoirs publics s'épuisent à éteindre, avec de l'argent qui ne leur appartient pas, les feux allumés par telle corporation ou catégorie sociale qui, se sentant menacée, a recours à toutes les ficelles du marketing contemporain pour émouvoir une population apeurée et donc particulièrement réceptive. Les seniors ont peur comme les autres. Et peut-être même davantage que les autres.

Quinze années passées dans la presse dite patrimoniale pour ne pas dire « d'argent » m'ont également appris que la France était riche, très riche. Ces dernières années, en dépit du krach boursier, qui n'affecte ni tout, ni tout le monde, le patrimoine des ménages a continué à augmenter, au rythme jamais connu avant les années 1980, de plus ou moins 5 % par an. Cet enrichissement n'est pas réservé, comme certains voudraient le faire croire, à une poignée de super-riches gavés de *stock options*. Non, sa base est large, elle touche des millions de foyers composés, pour l'essentiel, de seniors, actifs ou retraités, qui ont géré avec succès d'honorables carrières. Comme mes rencontres professionnelles m'ont abondamment permis de le vérifier, parmi les plus âgés, nombreux sont ceux à disposer dès aujourd'hui de plus d'argent qu'il ne pourront jamais en dépenser jusqu'à la fin de leurs jours. En voilà une bonne nouvelle ! Mais que faire de cet argent de plus efficace que de l'accumuler ? Autant qu'il profite à d'autres qu'à ses détenteurs, ce qui me ramène à mon éditorial de 1991. En insistant sur le fait que ce soient les détenteurs de patrimoine – et non l'État-*big brother* – qui décident librement de son affectation. Autrement, la fête serait gâchée. En revanche, quelle perspective exaltante, quel soulagement aussi, quelle responsabilité enfin que de donner librement ! La grande aventure du partage des richesses, de manière à en créer d'autres, peut commencer demain.

Elle peut connaître un succès d'autant plus spectaculaire que ceux qui se dépossèdent ne se dépouillent pas. Le consultant américain Stephen M. Pollan, dont l'un des ouvrages[2] m'a beaucoup marqué, exclut qu'ils réduisent leur train de vie. En revanche, ils n'auront aucune raison de continuer à épargner. Les techniques de partage sont par ailleurs abondantes et variées, comme on le constatera. Le plus important, et bien sûr le plus difficile, c'est de créer l'envie.

J'appelle de mes vœux l'appétit du don. S'agit-il d'une sympathique utopie destinée à jeter un rayon de lumière dans l'obscurité du grand âge ? De fait, au moment où je m'approche de la retraite, je perçois mieux le dénuement, la peur et le vide qui guettent chacun. Je découvre aussi des valeurs fédératives, partagées avec les plus jeunes, que leurs aînés pourraient défendre plus éloquemment qu'ils ne le font. Enfin, je me suis persuadé qu'en consacrant progressivement davantage de temps aux exercices spirituels – moins d'avoir, plus d'être – les *babyboomers* dont je fais partie aideraient puissamment leurs successeurs à croire qu'un monde meilleur est possible.

Compte tenu de leur expérience et de la sagesse qu'on attribue généralement aux plus âgés d'entre nous, compte tenu demain de leur nombre, ne leur appartient-il pas d'étouffer leurs regrets, de renoncer à leur pouvoir matériel et de passer le témoin ? Peuplé de personnages secondaires, les uns sympathiques, les autres antipathiques, mais tous bien réels sous une autre identité, cet ouvrage les y convie. En invitant à l'appauvrissement, son auteur n'a pas le sentiment de trahir son illustre ancêtre. Au XIXe, on ne vivait pas assez vieux pour mettre une telle stratégie en pratique !

-1-

Place aux seniors

Le 24 septembre 2003, Jean-Paul F., expert-comptable rouennais, fête ses 50 ans. Ou plutôt, comme le veut le rituel, son épouse Elisabeth organise une *surprise-party* à son attention. En rentrant chez lui, ce soir-là, dans l'ignorance de la manifestation qui se prépare, le héros du jour ne se doute pas non plus de sa célébrité... statistique. Et pourtant, de son fait, en ce jour gris d'automne, les ménages français dont la personne de référence (on disait autrefois le chef) est âgée de 50 ans et plus deviennent majoritaires dans le pays. Un foyer sur deux est représenté par un quinquagénaire. Sauf immigration massive, la situation ne changera pas. Il s'agit d'un des signes les plus palpables du vieillissement de notre population.

Caractéristique des pays européens et asiatiques, le phénomène du vieillissement se produit lorsque les maternités se remplissent moins vite que les cimetières ou, pour utiliser le jargon des démographes, lorsque « les générations ne se renouvellent pas ». La France n'en est pas encore, comme l'Allemagne, l'Espagne ou l'Italie, en situation de déclin démographique, mais les prévisionnistes l'envisagent à horizon d'une petite quarantaine d'années.

En attendant, l'augmentation imperturbable de l'espérance de vie, au rythme spectaculaire d'un trimestre par an, a pour effet mécanique d'augmenter la part des cheveux gris dans la population. Du fait des progrès constants de la médecine gériatrique, leur espérance de vie augmente même plus rapidement que celle des nouveau-nés, dont le principal obstacle, la mortalité infantile, a été surmonté il y a déjà longtemps.

LE RAZ-DE-MARÉE DU *PAPYBOOM*

Si l'on raisonne non plus en termes de ménages, mais d'individus, depuis l'après Seconde Guerre mondiale jusqu'en 1996, la part des seniors dans la population est restée à peu près stable, aux environs de 30 %. À partir de cette date, la première vague des enfants du *babyboom* nés dans l'euphorie de la Libération, atteint les rives de la cinquantaine. Pendant vingt ans, de 1944 à 1964, les *babyboomers* ont déferlé, au rythme de 850 000 nouveau-nés par an. Ils sont plus nombreux d'un tiers que leurs prédécesseurs venus au monde pendant les années creuses de l'entre-deux guerres. Puis, à partir de 1964, le taux de fécondité baisse irrésistiblement pour atteindre aujourd'hui environ 1,8 enfant par femme en âge de procréer.

Aussi, sur la base du taux de fécondité actuel, en 2020, 40 % des Français seront seniors et 45 % en 2050. En l'espace d'un siècle, leur poids simplement démographique aura presque doublé. Autre manière d'illustrer l'impact de ceux qui sont devenus, avec le temps, les *papyboomers* bien nommés par Robert Rochefort[1], le directeur de Credoc : entre 1990 et 2015, le nombre de personnes âgées de 50 à 59 ans augmentera de près de trois millions. À elle seule, cette tranche d'âge représentera la moitié de l'augmentation totale de la population française. Le vague du *babyboom* est un véritable raz-de-marée. Unique en son genre, car le reflux démographique de 1964 paraît définitif. L'allongement de la durée de vie aussi. Si la France compte 850 000 octogénaires en 2003, ils seront deux millions en 2020.

LA FIN DES RETRAITÉS PAUVRES

Si la place occupée par les seniors va progressivement devenir dominante sur le plan démographique, elle l'est déjà depuis quelque temps sur le front des revenus. En 1993, le Centre d'études des revenus et de coûts publiait un rapport sur « les conditions d'existence des personnes de plus de 60 ans ». En gros, les retraités. Faisant suite au « livre blanc des retraites » du gouvernement Rocard, qui avait déclenché la polémique, ce rapport laissera des traces durables. Pourquoi ? Dans l'inconscient collectif des Français, la retraite était alors assimilée au déclin, à l'effacement et au minimum-vieillesse et donc à la pauvreté, sinon à la misère. Or le rapport du CERC démontrait tout le contraire. Au-delà de 60 ans, le revenu disponible dit « par unité de consommation », pour reprendre le jargon des statisticiens, était même légèrement supérieur à la moyenne nationale ! Les associations de retraités ont mis des années à se remettre de cette découverte, hautement favorable à leurs adhérents (et donc assassine pour leurs revendications corporatistes). Le gouvernement sera à ce point embarrassé qu'il commandera une étude définitive à l'INSEE. Les statisticiens publieront vingt-cinq pages ampoulées sur « le niveau de vie relatif des personnes âgées[2] », concluant prudemment que si elles étaient plus aisées que la moyenne, c'était « essentiellement parce qu'elles disposaient souvent d'un patrimoine de rapport ». L'écart entre leurs revenus et la moyenne nationale dépendrait en outre de la définition de l'« unité de consommation ». On ne saurait être plus précautionneux. Mais les faits étaient là.

D'autres chiffres confirmeront ceux du CERC. En démontrant notamment que, contrairement à une idée tenace le paupérisme n'était plus de mise chez les retraités. En 2004, 3600000 personnes, pour l'essentiel des veuves, bénéficiaient encore du « minimum-vieillesse[3] ». Il apparaît ainsi, toujours de source INSEE [4], qu'entre 1970 et 1997, le nombre de ménages de salariés dont le revenu se situait en dessous du seuil de pauvreté[5] était passé de 4 à 6 % du total. Dans le même temps, les couples de retraités pauvres avaient pratiquement disparu : il n'y en avait plus que 4 % en 1997, contre 28 % en 1970. Chez les plus de 80 ans, essentiellement des veuves, donc des personnes réputées particulièrement démunies, le taux de pauvreté était tombé de 38 à 6 %. Spectaculaire ! Même si, depuis quelques années, sous le double effet d'une part de l'abandon de l'indexation très avantageuse des pensions de retraite de base sur les salaires (au profit de leur indexation sur les prix) et d'autre part de l'augmentation de la Contribution sociale généralisée acquittée par les retraités, leur revenu disponible n'a pas progressé au même rythme que celui des salariés, ils ont conservé jusqu'à présent une longueur d'avance sur les actifs.

Selon les résultats de l'enquête exhaustive dite « budget de famille » réalisée tous les cinq ans par l'INSEE, les plus de 50 ans (les seniors, donc), disposaient en 1994, d'un niveau de vie supérieur d'environ 30 % à celui des moins de 50 ans[6]. Leur population comprend en effet à la fois les actifs en fin de carrière, souvent dans leurs années les plus rentables sur le plan de leurs revenus professionnels et les retraités, dont la bonne fortune est désormais établie. À l'occasion de cette enquête, l'INSEE a d'ailleurs publié pour la seule et unique fois un « indice du bien-être social », synthèse de la moyenne et de la dispersion du niveau de vie selon la tranche d'âge[7]. Eh bien, cet indice n'était positif qu'entre 50 et 80 ans. On comprend qu'il ait été abandonné.

DEUX PENSIONS AU LIEU D'UNE

Contrairement à ce que laisse entrevoir le sombre destin des caisses de retraite par répartition, qui transforment les cotisations des actifs en pensions pour leurs aînés, les retraités de demain seront encore plus riches que ceux d'aujourd'hui. À la condition expresse de rester mariés ou en concubinage. La montée en puissance du travail féminin date des années 1960. Le taux d'activité des femmes en âge de travailler a doublé, passant de 40 à plus de 85 %. Dès 2000, mais encore bien davantage en 2020, de nombreuses femmes auront effectué des carrières dites « complètes ».

Elles disposeront de ce fait de retraites « pleines ». Et les couples dits « bi-pensionnés » vont se multiplier. Avec un effet spectaculaire sur leur revenu disponible.

Prenons le cas d'un couple vivant aujourd'hui confortablement avec les 2000 euros par mois de la seule pension du mari. Et admettons que les pensions de retraite perdent 1 % de leur pouvoir d'achat chaque année, une hypothèse que l'on peut qualifier de pessimiste. Dans vingt ans, un retraité ayant suivi le même parcours professionnel que celui d'aujourd'hui, partira, dans cette hypothèse, avec l'équivalent, en termes de pouvoir d'achat, de 80 % de cette somme, soit 1 600 euros. Si son épouse a travaillé toute sa vie, même si elle a vécu quelques interruptions ou du temps partiel, elle touchera, par exemple, la moitié de son mari, soit 800 euros. Ce couple disposera donc d'un pouvoir d'achat de 2 400 euros, supérieur de 20 % à celui du couple de la génération précédente. Alors que, dans notre hypothèse, les retraites auront baissé entre-temps de 20 %. Robert Rochefort en conclut que : « Dans les vingt années à venir, le phénomène majeur de l'enrichissement des retraités sera la généralisation des couples bi-pensionnés[8]. »

Pour combien de temps les publicitaires continueront-ils à ne jurer que par la « ménagère de moins de 50 ans » ? Prises collectivement, ses homologues plus âgées consomment presque autant qu'elle et devraient continuer ainsi. Pendant de longues années. Et elles passent sensiblement plus de temps devant leurs téléviseurs. Quel cas en fait-on ? Une seule agence de « pub » française, au demeurant bien nommée, (Senior Agency), a pris les seniors comme sa cible de prédilection. Que ne suscite-t-elle des vocations ! Autre anomalie : les cartes Vermeil de la SNCF, désormais rebaptisées – signe des temps – les cartes « senior », les cartes Améthyste ou Émeraude du réseau ferroviaire de banlieue, les ristournes au cinéma, les réductions sur les remontées mécaniques, tous ces avantages dont bénéficient les plus de 60 ans sont-ils vraiment justifiés ? Bien sûr que non. Leur mise en place date de la pénurie d'un temps révolu. Il est vrai que ce sont en revanche d'excellents outils de marketing. Leurs promoteurs ne sont guère incités à les abandonner.

UNE EXTRAORDINAIRE CONCENTRATION DE RICHESSES

En règle générale, dans toute population, quelle qu'elle soit, la concentration des patrimoines est plus forte que celle des revenus. Les seniors français n'échappent pas à cette loi statistique. Les banquiers et les assureurs le savent bien, la position des plus de 50 ans est dominante depuis plus longtemps que le bon peuple ne le pense. En 1999, le patrimoine moyen des ménages seniors était carrément le double de la moyenne nationale. Et en 2004, selon l'INSEE, les seniors représentaient près des deux tiers des ménages déclarant un patrimoine supérieur à 450 000 euros[9]. Dès 1994, selon la même source, les seuls retraités détenaient la moitié du patrimoine net des ménages. Et, en 2020, toujours selon Robert Rochefort, cette proportion pourrait atteindre les deux tiers[10] !

Quel que soit leur mode de présentation, les statistiques patrimoniales sont très favorables aux seniors. En

2001, un groupe de travail réuni sous l'égide de la Banque de France[11] observait que les personnes âgées de plus de 55 ans détenaient près de 70 % de la valeur de l'ensemble des portefeuilles boursiers. Les plus de 70 ans, pourtant réputés prudents, étaient même les champions de la Bourse, leur part des portefeuilles d'actions (31 %) étant plus de quatre fois supérieure à leur poids dans la population (7 %). Fin 2003, parmi les 580 000 adhérents de l'Association française d'épargne et de retraite, plus connue par son sigle (l'AFER) et célèbre pour son contrat d'assurance-vie, 55 % avaient plus de 50 ans. Mais ils détenaient 80 % des actifs gérés pour le compte de la plus célèbre des associations d'épargnants. Lorsque l'on demande aux banques la place occupée par les seniors dans les capitaux qu'elles gèrent, il faut d'abord s'attendre à un silence embarrassé. Ce sont des sujets dont on parle d'autant moins qu'ils surprennent, quand ils ne choquent pas. Toujours est-il que les plus de 60 ans représentent 55 à 60 % des actifs détenus par les particuliers et les plus de 50 ans, 75 à 80 %. Pour la bonne bouche, en 1993, dernière année pour laquelle ces statistiques sont disponibles, 87 % des redevables à l'impôt de solidarité sur la fortune avaient dépassé la cinquantaine[12].

Que les seniors détiennent une part croissante de la richesse nationale ne va pas sans soulever quelques interrogations. Le dynamisme économique d'un pays est intuitivement lié à sa jeunesse, ce dont étaient à juste titre convaincus les promoteurs de la vigoureuse politique nataliste lancée en France à l'issue de la Seconde Guerre mondiale. Les enfants paraissaient alors détenir d'autant plus la clé de l'avenir (et, partant, de la croissance) que les naissances avaient baissé pendant l'entre-deux guerres. *A contrario*, les personnes âgées sont réputées consommer moins que les autres. Même si ce constat mérite d'être nuancé, le vieillissement a suscité, ces dernières années, des réflexions préoccupantes, sinon alarmistes. Selon une étude effectuée en 1998 par le « groupe des dix » (sous-entendu nations les plus développées du monde), ce phénomène incontournable réduira les taux de croissance potentiels de 0,5 à 1 % par an entre 2010 et 2030 dans les pays du G10.

LE VIEILLISSEMENT, UN DÉFI À LA CROISSANCE

Deux autres sources prestigieuses, les communautés européennes et l'OCDE, estiment, quant à elles, que le ralentissement pourrait s'accélérer à partir de 2025, certains pays – on pense à l'Italie et au Japon – étant carrément guettés par la récession. Selon l'étude de l'OCDE, la croissance annuelle pourrait chuter progressivement au cours du demi-siècle de 2 à 0,5 % en Europe et de 0,9 à 0,25 % au Japon. Même les États-Unis, dont la démographie reste tonique grâce aux immigrés hispaniques, verraient leur taux de croissance tomber à 1,4 % au-delà de 2010. Dans une synthèse[13] de divers travaux, publiée en 2002 par le Center for Strategic and International Studies de Washington, un bureau d'études réputé libéral, on lit que « la conclusion centrale de ces études est que le vieillissement provoque de manière irréfutable un ralentissement de la croissance ». À bon entendeur…

Le CSIS a d'ailleurs consacré beaucoup d'énergie et de moyens à ce sujet. En 2003, en association avec le cabinet Watson Wyatt, deux de ses chercheurs publiaient un document explosif, mais passé pratiquement inaperçu, intitulé « Indice de vulnérabilité à l'âge ». Son objet était de mesurer la capacité de douze grands pays développés[14] à relever le défi du vieillissement. Sur la base de la compilation en 2000 et de la projection à horizon de 2040 d'une douzaine de séries statistiques, comme le pourcentage de personnes âgées, le nombre d'inactifs pour un actif, le coût des pensions de retraites obligatoires ou le rapport entre les revenus des actifs et des inactifs, Richard Jackson et Neil Howe ont classé ces pays en « peu », « moyennement » et « très » vulnérables. Trois pays figurent dans cette dernière catégorie. Il s'agit, dans l'ordre, de l'Espagne, de l'Italie et de la France. Il est vrai que, selon les projections des auteurs, en 2040, les prélèvements obligatoires français représenteraient 62 % de la richesse nationale, contre 44 % en 2003. Ce chiffre peut paraître apocalyptique.

Si le résultat et donc le classement, sont pessimistes, les commentaires des chercheurs n'en méritent pas moins réflexion. La France est en effet présentée comme « un cas curieux ». Ses perspectives démographiques ne sont pas plus mauvaises que celles de pays mieux classés, comme l'Allemagne ou la Suède. En revanche, « la munificence (sic !) de son système de retraites la propulse dans le camp des pays vulnérables. Plus important encore est la dépendance croissante des retraités à l'égard du système. Nulle part ailleurs dans le monde, la part des retraites individuelles n'est aussi faible. Toute réforme de fond se heurtera à une large résistance de la population. Il ne s'agit pas du seul obstacle : la France est sans doute le seul pays où il est difficile de trouver des hommes politiques prêts à débattre du sujet ». Le réquisitoire est sévère. Il a été démenti par le vote de la loi Fillon sur les retraites d'août 2003. Cette loi n'a fait au demeurant qu'une partie du chemin, (un tiers, selon les pessimistes) de peur, justement, de heurter les susceptibilités.

L'ÈRE DES SENIORS OU LA PLACE AUX JEUNES ?

Cette peur, l'ex-Bureau international de prévision économique, dont le sigle, BIPE, est désormais devenu la raison sociale, n'y a pas cédé lorsqu'en juin 2001, il a invité ses abonnés à participer à un séminaire intitulé « Le *papyboom*, nouvelle jeunesse de l'Europe ? ». La journée était introduite par un document de travail d'une centaine de pages rédigé par Bernard Préel, directeur adjoint du BIPE et consacré à l'exploration des implications de deux scénarios socio-économiques à horizon de 2015 : l'« ère des seniors » et « place aux jeunes ».

Les titres parlent d'eux-mêmes. L'« ère des seniors » c'est, selon l'expression de son auteur, « Clint Eastwood dans *Space Cowboys* ». Encore dans la force de l'âge, les 50-60 ans d'aujourd'hui renforcent leurs acquis et leur pouvoir d'influence, notamment les droits que leur accordent les régimes de retraite. Ils quittent rapidement le marché du travail, à la tête de confortables patrimoines et « exercent un pouvoir de plus en plus usuraire (sic !) sur les générations qui suivent ». Le taux de croissance de l'économie française est « durablement atone », aux environs de 1,8 % par an. Le taux d'épargne reste élevé (plus de 15 % du revenu disponible), de même que les taux d'intérêt à long terme, supérieurs à 4,5 %, pour un taux d'inflation de 1,5 %. L'État trouve auprès des *babyboomers* vieillissants et économes les ressources nécessaires pour financer le déficit des comptes publics. Ce déficit reste élevé, de même que la part des prélèvements publics (ceux qu'on dit obligatoires) dans la richesse nationale, qui ne parvient pas à passer sous la barre des 43 %. En revanche, les placements en actions sont limités et la demande de crédit reste timorée, car les jeunes doutent de l'avenir (le taux de chômage dépasse 7 %) tandis que l'épargne de précaution prospère.

Dans le scénario « place aux jeunes », la société réagit très différemment au choc du vieillissement. Le pari de ce scénario, c'est que « le gonflement numérique des générations du *papyboom* s'accompagne d'une perte de leur influence ». Sous quel effet ? Celui en particulier des technologies nouvelles, dont les jeunes générations deviennent les prescripteurs incontournables. Par leur intermédiaire, le corps social s'approprie les mérites de ces technologies qui dopent la productivité et relancent la croissance. Internet l'emporte sur l'explosion des croisières et l'entretien de la maison, caractéristiques du scénario précédent. Le capital étant mieux employé, la croissance atteint 3 % par an. Le taux de chômage tombe à 4 %. En 2015, les employeurs se disputent les moins de 50 ans et leur savoir-faire technologique. Il faut ouvrir par ailleurs les portes de l'immigration pour produire de quoi satisfaire une demande soutenue. Comme les entreprises investissent, la demande de capitaux augmente et la Bourse se porte bien. Ce qui donne des ailes à l'épargne-retraite facultative[15], alors que les caisses par répartition à cotisations obligatoires se financent encore plus difficilement que prévu. Nombre de jeunes ont en effet opté pour le statut d'indépendant plutôt que celui de salarié. Aussi ne cotisent-ils plus. Le resserrement de la machine redistributive et le plafonnement des dépenses de fonctionnement de l'État provoquent une chute vertigineuse des prélèvements obligatoires, qui reviennent à 38 % de la richesse nationale. Le taux d'épargne baisse lui aussi de manière significative. Si les jeunes mettent moins de côté, en revanche ils s'endettent, favorisant l'investissement, dans l'immobilier notamment.

Tout scénario est un exercice imaginaire. Il est donc nécessairement faux. Le travail du BIPE a néanmoins le mérite de nous montrer deux destins possibles et très contrastés. Or, au bout de chacun de ces chemins, nous retrouvons dans vingt ans ni le même pays, ni bien sûr le même taux de croissance qu'aujourd'hui. L'« ère des seniors » paraît à l'évidence le scénario le plus probable (sur le plan de la croissance économique, il est même sensiblement plus optimiste que ne le sont les travaux des organismes internationaux cités plus haut), ne serait-ce que du fait qu'il correspond aux tendances actuellement à l'œuvre. Et que, selon l'économiste Michel Godet[16], « par rapport à la France active des 20-49 ans, la France des adultes seniors devient numériquement et donc électoralement majoritaire à partir de 2017 pour atteindre 25 millions en 2020, soit 2 millions de plus que l'électorat de moins de 50 ans ». Et d'en conclure très naturellement que « dans un tel contexte, il sera de plus en plus difficile de demander des sacrifices aux anciens... L'oreille des élus sera d'autant plus réceptive aux préoccupations du troisième âge qu'ils auront en commun une moyenne d'âge avancée ».

LE CHOC DES GÉNÉRATIONS

Les *papyboomers* et, dans une moindre mesure, leurs aînés détiennent les clés de notre avenir collectif. Ils offrent à Robert Rochefort l'occasion de soulever une question essentielle : « Comment faire pour que cette concentration de pouvoir économique entre les mains des plus de 50 ans joue en faveur de la société et non contre elle[17] ? » Les seniors ont en effet le choix entre l'accumulation et le partage de leur richesse. Ils peuvent fort bien opter pour le « moi d'abord », estimant, non sans quelque raison, qu'ils sont en droit de tirer la substantifique moelle d'une retraite bien méritée. Hédoniste selon les uns, carrément égoïste pour d'autres, cette attitude ressemble fort à celle prêtée à la « génération mai 68 », selon le nom de baptême donné par Bernard Préel aux enfants des années 1945-1954. Dans son livre *Le choc des générations*, l'auteur affiche clairement ses choix[18]. Cette génération est née dans l'abondance des « Trente Glorieuses » (comme on appelle désormais les années 1945-1975), au cours desquelles la consommation par tête a triplé. En 1995, elle établissait le niveau de dépenses le plus élevé par ménage de toute notre histoire. Elle a été à l'origine de l'explosion du travail féminin, de la reconnaissance des minorités, de la mondialisation du rock, de la multiplication des styles de vie et de la recomposition des familles. « Prônant une éthique du plaisir et du *carpe diem*, selon Bernard Préel, elle fera du mode de vie de l'internationale jeune la référence : une vie de loisirs, de sorties, de fringues, de dopes et d'artifices. Jusqu'au moment où le petit jour traître se pointe, traînant avec lui la gueule de bois des lendemains de fête. » Car c'est aussi la génération mai 68 qui voit se lézarder l'édifice des retraites, comme celui de la santé au moment précis où ces institutions deviennent précieuses pour elle.

Cette génération est-elle susceptible de lâcher un pouvoir qu'elle s'attribue si naturellement ? « Tout débuta lors de la nouvelle manifestation organisée par la coordination des Jeunes Seniors réclamant la défense de leurs droits qu'ils jugeaient acquis ; ils exigeaient en vrac des préretraites ("pour laisser la place aux jeunes" soutenaient-ils hypocritement), une hausse des pensions, la gratuité des cours dans les universités pour les plus de 50 ans, la prise en charge totale par l'État des frais de leurs parents dépendants... Arrivant au milieu de la vie, cette génération découvrait que ses sécurités allaient sauter et qu'elle aurait plus de charges à supporter que prévu... Il y avait quelque chose de pathétique à voir Daniel Cohn-Bendit et les siens investir le quartier de la Bourse et déployer des banderoles où l'on pouvait lire ce curieux slogan : « on veut plus de SS » (lire Sécurité sociale...) » Ainsi commence l'ultime chapitre du *Choc des générations*, publié en 2000. Chapitre prospectif, puisqu'il est consacré aux « événements de 2005 ». La date n'est pas choisie au hasard. À partir de cette année-là, le nombre annuel de départs à la retraite passe de 500 000 à 800 000.

Que nous annonce l'ouvrage de Bernard Préel ? Tout simplement le fameux choc qui justifie son titre. En effet, plutôt que de subir, les jeunes ripostent. Pour la première fois. En organisant, à partir du campus d'HEC, la première télérévolution. Une « veille junior » lance sur Internet un appel universel à témoin pour faire le procès de la génération mai 68. Appel massivement reçu aussi bien par les jeunes que par leurs grands-parents, qui avaient dû, comme eux, serrer les dents pour se faire leur place au soleil. Le procès des seniors délinquants sera donc légitimé. Et instruit. Et gagné. On imagine que le scénario « place aux jeunes » en découle tout naturellement.

Peut-on éviter que l'accouchement de ce scénario ne se fasse autrement que dans la douleur ? La couverture du magazine branché *Technikart* daté de mars 2004 nous en donne, heureusement ou malheureusement, un avant-goût. Son titre « Virer les vieux ? » se passe de commentaires. L'article d'ouverture du dossier est sans appel. « D'un côté, les seniors, de retour des îles, préoccupés par l'environnement, gorgés d'hormones et de pamplemousse. De l'autre, les jeunes : précarisés, abstentionnistes de gauche, nourris au kébab et au bédot[19]... Guerre de générations ? Il ne faut rien exagérer, mais ça y ressemble. Avoir moins de 40 ans aujourd'hui donne le curieux sentiment d'être clandestin à sa propre vie. Ils sont partout, installés, tranquilles, sereins. Nous ne sommes nulle part, instables, sans avenir précis. Mauvaise nouvelle : en 2006, leur départ à la retraite pourrait bien provoquer un nouveau krach boursier – affamés qu'ils sont de revendre leurs actions et de cramer du blé. À moins que, chez eux, quelque chose ait changé. » Pour Olivier Malnuit, l'auteur de ces lignes sans appel, ce quelque chose, c'est le désarroi que les seniors voient déjà chez leurs propres enfants. « Je ne voudrais pas être à ta place, mon fils. »

Est-ce suffisant pour que les seniors soient le moteur et non le frein d'un scénario du type « place aux jeunes » ? Conscients de l'enjeu – le travail et la sécurité future de leurs enfants et petits-enfants – et observant qu'une partie de plus en plus importante de leur richesse accumulée ne servira en définitive qu'à remplir, le moment venu, les caisses de l'État, les néo-seniors peuvent adopter librement un comportement à la fois nouveau et novateur. En l'occurrence, une fois réglées par anticipation leurs préoccupations matérielles légitimes de train de vie, comme de fin de vie, ils pourraient choisir de partager leurs excédents de leur vivant. L'esprit de mai 68 ne se voulait-il pas fraternel, voire universel ? Et puis, ne convient-il pas de trouver un sens à une fin de vie qui va durer quarante ans et davantage ? Les seniors choisiraient librement, sans aucune pression politique, de se déposséder. Au profit, on l'imagine, des jeunes, mais pas uniquement. Donner est un exercice libre.

Une telle ambition est-elle réaliste ou s'agit-il d'une douce illusion ? Avant d'apporter la moindre réponse à une question aussi essentielle, il convient de s'immerger dans l'univers des seniors, pour savoir où ils en sont aujourd'hui, quelles sont leurs ressorts et leurs aspirations. En commençant par le commencement, leur mode de consommation.

-2-

LE COÛT DE LA VIE

IL N'Y A RIEN À FAIRE, PAUL A. ne se résout pas à mettre à la casse sa vieille jeep Willis. Elle date pourtant de 1944, excusez du peu. Mais pour cet ancien mécanicien auto devenu garagiste à Gap, car épris de haute montagne, sa guimbarde est un symbole dont il paraît bien difficile de se séparer. Elle lui permet encore d'accéder aux pentes neigeuses des Alpes du Sud. À 67 et 68 ans respectivement, Paul et son épouse Jeannine, couturière de son état, puis comptable du garage familial, ont pris leur retraite. Ils pratiquent encore activement la glisse et la varappe, ils font deux grands voyages culturels par an et leur voiture, toujours une Citroën, n'a jamais plus de trois ans d'âge. Ils ont le sentiment de ne se priver de rien. Combien dépensent-ils ? Un peu plus de 2000 euros par mois (dont 20 % environ vont dans la poche du fisc), soit *grosso modo* le montant de leurs pensions de retraite. Les quelque 7 500 euros qu'ils tirent tous les ans de la location de trois appartements de rapport situés à Belleville/Saône sont soigneusement mis de côté.

Changement de décor. La scène ouvre sur un pavillon de Chilly-Mazarin, en banlieue sud de Paris. En passant la porte, on a l'impression qu'ici, la vie s'est arrêtée il y a déjà dix ans.

Rien n'a été acheté, rien n'a même bougé, tout est figé. Pour l'éternité. Les H. ont une grosse dizaine d'années de plus que les A., ceci expliquant sans doute cela. Et puis, question d'époque, Rose-Blanche n'a jamais travaillé. En revanche, Claude a derrière lui une belle carrière d'ingénieur, avec, à la clé, une retraite confortable d'environ 60 000 euros par an. À laquelle il faut ajouter plus de 30 000 euros de revenus fonciers tirés d'un patrimoine immobilier reçu en héritage et commodément situé dans le VIIe arrondissement de Paris. Le budget des Henry ? 3 200 euros par mois, dont 1500, soit près de la moitié, sont versés au fisc sous diverses formes, parmi lesquelles l'impôt sur la fortune. Au total, hors impôt, les H. dépensent à peu près autant (1 700 euros/mois) que les A. Ils consacrent davantage de leurs ressources à l'alimentation, aux cadeaux à leurs enfants et aux assurances, notamment pour leurs futures obsèques, un sujet de préoccupation à leur âge. En revanche, ils se déplacent peu et ils voyagent encore moins. Alors que font-ils ? Ils é-co-no-misent. Ils sont même devenus des champions de l'épargne : plus de la moitié de leurs revenus sont mis de côté en fin de mois.

Tirés des « Finances d'une famille », la rubrique-fétiche du mensuel *Mieux Vivre Votre Argent*, ces deux exemples sont très illustratifs de la situation et du comportement patrimonial de seniors sans soucis et qui ne sont pourtant pas riches. D'ailleurs, à plusieurs reprises au cours de ces dernières années[1], le magazine patrimonial s'est posé la question : « Combien vous faut-il pour vivre ? » Sans doute son titre même l'incitait-il à fournir des éléments de réponse. Difficiles au demeurant à rassembler tant les comportements et les moyens diffèrent. Le parti fut néanmoins pris de reconstituer les budgets-type, à Paris et dans les vingt-deux capitales régionales, de trois ménages vivant de manière sinon luxueuse, du moins aisée : un célibataire de 35 ans, type profession libérale, supposé locataire, une famille de quinquagénaires avec deux enfants scolarisés et supposée en phase d'accession à la propriété, enfin, un couple de jeunes retraités (la soixantaine) supposés déjà propriétaires.

Pour chacun de ces ménages, le magazine a établi un budget fondé sur les statistiques disponibles en matière de dépenses courantes ou de loisirs, comme de fiscalité locale ou de prix immobiliers. Les retraités ont une voiture, la famille deux. N'ont pas été intégrés aux calculs les impôts nationaux, car les situations sont trop disparates d'un ménage à l'autre, ni l'épargne, car il s'agit d'une affaire très personnelle.

UN CÉLIBATAIRE, DEUX RETRAITÉS : LE MÊME BUDGET

Quelles sont les leçons à tirer de cette étude originale ? Pour l'anecdote, au moment où est mise en application la nouvelle loi Douste-Blazy sur l'assurance maladie, tous les Français seront intéressés d'apprendre que leur santé ne leur coûte guère : le célibataire débourse 817 euros par an, mutuelle comprise, contre 2 489 euros, trois fois plus, pour le couple de retraités. Or selon les chiffres officiels du ministère de la Santé, en 2003, chaque Français a dépensé, en moyenne, 2 732 euros pour se soigner, dont seulement 300, soit bien peu de chose, sont restés à sa charge. Ces dépenses augmentent régulièrement avec l'âge. Elles sont surtout très concentrées. 5 % des personnes soignées coûtent environ dix fois plus que la moyenne et représentent plus de la moitié de la dépense totale et près de 60 % des remboursements.

Ce sont les jeunes retraités qui nous intéressent ici. De combien ont-ils besoin ? À la grande surprise des auteurs de l'enquête, menée en 2003, un couple de retraités affecte à ses dépenses courantes à peine plus qu'un célibataire : en moyenne, 2 267 euros/mois, contre 2 074. Mais surtout, leur train de vie est inférieur de 46 % à celui de la famille de deux enfants. La progéniture coûte cher, surtout tant que le financement du logement n'est pas terminé.

Par la force de choses, tout couple avec deux enfants à charge est destiné à devenir, sauf séparation ou divorce, un couple de jeunes retraités. Or, les calculs de *Mieux Vivre Votre Argent* montrent à l'évidence que cette transition est moins douloureuse que ne veulent bien le dire tous les promoteurs de contrats d'épargne-retraite, dont l'argumentaire de vente s'appuie sur la chute de revenus, volontiers dramatisée, lors du passage à la retraite. Les besoins étant moindres et l'épargne aidant, ce passage n'est pas nécessairement aussi traumatisant que ne laisserait supposer cette fameuse chute, qui ampute d'environ 20 à 25 % les bas revenus, mais de 40 à 50 % les revenus élevés, ces approximations étant valables pour les salariés seulement, la situation des non salariés pouvant être autrement plus dramatique.

Voyez Henri G. Après trente-six ans passés dans l'informatique, il est mis en pré-retraite à l'âge de 57 ans, avec une jolie prime de départ de 76 000 euros (trois ans de salaires), mais sans avoir pris le temps de savoir quel serait son « taux de remplacement », ou rapport entre sa première pension de retraite et son dernier salaire. Admettons prudemment qu'avec son profil de « profession intermédiaire » et sa carrière, ce taux soit de 65 %. Sur la base de leur dernier budget avant la mise à la retraite d'Henri, et compte tenu du salaire de son épouse Constance, employée à mi-temps dans un laboratoire pharmaceutique, les G. disposeront de 24 000 euros par an. Cette somme est certes inférieure à la fois au budget-type d'un couple de jeunes retraités et à leurs dépenses actuelles, mais elle se trouve être légèrement supérieure aux 23 000 euros que le couple considère comme son budget incompressible. Analysant la problématique des G., *Mieux Vivre Votre Argent* en conclut qu'« un couple peut encaisser le passage à la retraite, dès lors qu'il a pris l'habitude d'épargner une part substantielle de ses revenus ». C'est précisément le cas en France.

L'EFFONDREMENT DE LA CONSOMMATION

Comment la consommation évolue-t-elle avec l'âge ? En 1995, l'Institut national de la statistique confiait à Marceline Bodier, une jeune collaboratrice, l'étude exhaustive des « effets d'âge et de génération sur le niveau et la structure de la consommation ». Intuitivement, on imagine que la consommation diminue avec l'âge. Mais l'appartenance à une « génération » joue aussi. Et parfois en sens inverse. Les natifs des années 1930-1940, qui avaient atteint entre 60 et 70 ans au début du troisième millénaire, ont connu, enfants, les privations de la Seconde Guerre mondiale. Ils ont appris à compter. Tout porte à croire qu'une fois devenus sexagénaires, leur comportement de consommation sera plus prudent que celui de la génération suivante, celle des *baby*-devenus-*papyboomers* nés après-guerre qui voudront à tout prix en profiter – « moi d'abord » – le plus longtemps possible. Autre exemple : les dépenses médicales des retraités d'aujourd'hui sont supérieures à celles de leurs prédécesseurs, car ils ont pris l'habitude de consulter plus souvent et d'être plus attentifs à leur santé.

Les seniors dépensiers ne seront-ils pas rattrapés un jour par l'effet d'âge ? La question divise les futurologues et les spécialistes des styles de vie. Marceline Bodier a eu en tout cas le mérite de réaliser un travail unique en son genre. Ses conclusions confirment en les affinant d'autres observations de l'INSEE. Et notamment le fait que la consommation individuelle atteint un maximum naguère situé légèrement en dessous de 50 ans (d'où la fameuse ménagère correspondante) et qui tend à reculer[2], confirmant la thèse selon laquelle nous restons jeunes plus longtemps.

Le pic de consommation est un concept économiquement fragile. Le travail de Mlle Bodier a consisté à éplucher les quatre enquêtes exhaustives « budget de famille » réalisées entre 1979 et 1994, histoire de suivre le comportement des fameuses générations au fur et à mesure de leur avancée en âge. Sur cette base, elle observe que la consommation globale augmente à partir de 30-34 ans pour atteindre effectivement un sommet vers la cinquantaine. Puis elle marque une pause et recommence, au-delà de 65 ans, à baisser légèrement. Après 70 ans, elle s'infléchit très sérieusement. « À 80-84 ans, note la jeune économiste, à revenu et à taille de ménage égaux, la consommation ne représente plus que 74 % de celle d'un ménage de 40-44 ans. » Ces chiffres se rapportent à la dernière enquête en date, celle de 1994.

Disposant de quatre séries de chiffres, Marceline Bodier a eu la curiosité d'en tirer une projection dans le futur. En 2004, selon ses calculs, la consommation des personnes âgées de 80 à 84 ans et sans diplôme devrait être un peu inférieure aux trois quarts de celle des 40-44 ans de même niveau de revenu et de structure familiale. Chez les titulaires du bac ou de diplômes supérieurs, l'écart est encore plus élevé. Comme si, fait significatif, la consommation s'effondrait d'autant plus que la situation matérielle était aisée. On aurait pu croire le contraire. L'histoire ne nous dit pas si ces projections étaient exactes, car l'enquête « budget de famille » n'est plus dépouillée avec la même précision qu'autrefois.

Les dernières années de la vie de Pierre B. illustrent bien le ralentissement inévitable de la consommation. Ancien attaché militaire aux dépenses courantes acquittées par la République, Pierre avait toujours prévenu ses enfants qu'ils pouvaient compter sur son soutien de son vivant, mais qu'ils n'auraient rien à son décès, car il aurait « tout dépensé ». Il a longtemps tenu parole, en finançant les études d'un chirurgien-dentiste, puis d'une gynécologue, d'un pilote de ligne et d'un officier de marine. Seul son dernier fils ne lui a rien coûté : il était fâché avec les études. Démobilisé à l'âge de 40 ans, Pierre se lance dans la distribution de chocolat. Avec succès. S'épanouiront ainsi ses tendances sybarites. Il mène alors grand train, puis, à 65 ans, il vend sa maison en viager, il vit de ses rentes et il sillonne la France pour retrouver sa famille et ses amis. « Il ne s'est privé de rien », reconnaît son dernier fils. Et pourtant, à son décès, dix-sept ans plus tard, ses enfants ont eu la surprise de retrouver 150 000 euros sur son compte en banque. Fidèle à lui-même, Pierre ne s'était jamais donné la peine de les placer. Il n'avait pas réussi non plus à les dépenser !

Pierre n'est pas seul de son espèce. En conclusion de son rapport[3], Marceline Bodier écrit, non sans une pointe d'angoisse : « La déformation de la structure de la population au profit des catégories à niveau de vie élevé, mais *a priori* sous-consommatrices, fait peser des incertitudes fortes sur le niveau de la consommation des ménages dans les années à venir. » En somme, avec une population composée d'un nombre toujours plus important de seniors vieillissants, la croissance n'y trouvera pas son compte. Le même constat que celui de l'OCDE.

Au risque de choquer certains, on peut aussi se demander si, au-delà d'un certain âge (75 ans ?), nos caisses de retraite par répartition ne pourraient pas faire l'économie de l'indexation actuelle des pensions sur les prix de détail. Cette indexation est en effet d'autant plus coûteuse que nous vivons de plus en plus longtemps. Elle a surtout pour effet de distribuer non du pouvoir d'achat, mais de la capacité d'épargne.

SENIOR MARKETING

L'épargne n'étant que ce qui reste après la consommation, où vont les dépenses des seniors ? Leurs besoins et leurs envies représentent le nerf de la guerre de l'agence de publicité unique en son genre créée en 1995 par Jean-Paul Tréguer et baptisée Senior Agency. Cette agence fait désormais travailler une cinquantaine de collaborateurs à Paris. Elle dispose de dix filiales ou agences associées à l'étranger, la dernière en date étant installée en Australie.

Auteur de *Senior Marketing*[4], promoteur du Train des Seniors qui sillonne la France tous les deux ans, monsieur Tréguer a classé sa population-cible en quatre catégories, dont on verra qu'elles correspondent à des tranches d'âge différentes. Comme si, dans l'esprit de leur concepteur, le fameux « effet d'âge » était plus important que l'« effet de génération » cher aux sociologues. De fait, selon lui, « les particularismes propres à une génération représentent un phénomène culturel, qui n'affecte qu'une partie plutôt minoritaire de la population concernée. Alors que l'âge représente un facteur puissamment discriminant. À 40 ans, on a de grandes chances d'être marié, salarié, avec enfants et en accession à la propriété. À 60 ans, on est le plus souvent retraité, propriétaire, sans enfants à charge, etc. ».

LES MAÎTRES DU MONDE

Première catégorie de sa typologie, celle des « masters ». Ils sont dans la force de l'âge (50-59 ans) et vivent l'« été indien de leur vie ». De l'argent, ils en ont, du temps libre, un peu moins, en tout cas pour ceux qui continuent à exercer une activité professionnelle. Mis à part les quelques soucis causés par la ménopause, leur santé reste bonne. Enfin, la plupart du temps, ils ont fini de rembourser l'achat de leur résidence principale au moment où leurs enfants ont le plus souvent quitté le foyer familial.

Inutile de dire que les masters sont pain béni pour les annonceurs. D'abord, ils sont nombreux. La population de leur tranche d'âge est celle qui augmentera le plus au cours des dix prochaines années. Et comme ces masters-là sont les fameux *papyboomers* qui ont échappé aux privations de la guerre, on peut compter sur eux pour consommer. Ils achètent déjà 75 % des voitures neuves haut de gamme. Non seulement, ils sont plus nombreux que la moyenne nationale – 54 contre 50 % – à être équipés en ordinateurs[5], mais leur consommation augmente plus vite. Contre toute attente, ils représentent presque la moitié des actionnaires internautes[6]. Les voyages, les bons restaurants, le jardinage, le sport et la forme font partie de leur vie quotidienne. De même que, progressivement, la chirurgie esthétique. Ils recourent aussi volontiers au crédit à la consommation que leurs cadets. C'est aussi à leur âge que l'on commence à hériter. Jean-Paul Tréguer attribue aux masters une « disponibilité financière » supérieure de 30 % à celle des ménages qui les suivent, ce qui est considérable et justifie leur nom de baptême. Ils sont les maîtres de leur jeu.

La consommation n'est cependant pas l'apanage des masters. À l'étage immédiatement supérieur, sur le plan de l'âge, soit entre 60 et 74 ans, Tréguer situe les « libérés ». De quoi ? Du travail bien sûr, mais aussi de l'éducation des enfants. Avec, de surcroît, le temps devant eux. En 1900, un homme de 60 ans avait un peu plus d'un an à vivre. Un siècle plus tard, l'espérance de vie du même sexagénaire était supérieure à vingt ans. En somme, un senior va passer le quart de sa vie à la retraite. Les « seniorettes », selon la formule de la journaliste Christiane Collange, disposent, quant à elles, de cinq années supplémentaires (au point de dominer numériquement les deux dernières catégories de la typologie).

Pour l'heure, le rythme de vie des libérés diffère de celui des masters, mais le niveau de consommation se maintient, ce que confirme le modèle de Marceline Bodier. La demande de crédit ne faiblit pas autant qu'on pourrait l'imaginer. Seulement, les banques y répondent imparfaitement. Le réseau des Banques populaires y a vu une opportunité et a lancé en 2002 la Banque des seniors, un établissement sans guichets dont le cheval de bataille est le prêt « Bon Temps ». Son constat : la nouvelle population de retraités raisonne davantage que les précédentes en consommation, et moins en transmission. Le cœur de cible de la banque ? Les 65-72 ans. « Avant 65 ans, tout le monde peut emprunter », constate un responsable de l'établissement, lui-même surpris de découvrir qu'en termes de risques, les libérés ne différaient guère de la population générale. Ils sont aussi nombreux, entre autres, à être insolvables. À ceci près que « si les jeunes surendettés trafiquent sur l'ordinateur leurs avis d'imposition, les seniors s'y prennent de manière plus malhabile, avec du typex ».

« Le libéré est un consommateur parfaitement rôdé, affirme Tréguer, car il a l'occasion (et le temps) de tirer les conclusions de ses multiples expériences. » Sa confiance dans la solidité des marques éprouvées le positionne comme une *brand victim* – victime des marques – toute désignée. Il fait les beaux jours des chaînes hôtelières et des tour-opérateurs. Il pratique aussi la générosité, (bien que de manière limitée) et la lecture de *Pleine Vie* ou de *Notre Temps*, deux mensuels de seniors dont la diffusion est non seulement impressionnante (plus d'un million d'exemplaires), mais promise à une forte hausse, pour de simples raisons démographiques.

Dans le but d'en finir avec les idées reçues sur les « vieux », et pour mieux les intégrer dans la communication publicitaire, la société d'enquêtes IPSOS a créé, en 2003, un observatoire des plus de 50 ans baptisé *Senior Attitudes*. Son attention s'est focalisée sur la tranche d'âge des 50-75 ans, en somme sur les deux premières catégories de Tréguer. De l'aveu de Benoît Tranzer, directeur général France d'IPSOS, « au-delà de 75 ans, la consommation est beaucoup moins active et répétitive » (ce que confirment d'autres observations). Fondée sur deux paramètres essentiels réputés « discriminants », en l'occurrence la plus ou moins forte proximité inter-générations et le plus ou moins grand degré de conservatisme/progressisme, la typologie de Senior Attitudes fait ressortir quatre profils socio-psychologiques dont deux paraissent particulièrement intéressants. D'abord, environ un quart de cette population est composé de deux sous-populations, appelées les « patriarches » et les « altruistes » par l'IFOP. Ils ont en commun d'être surtout concernés par leur famille, une clé sans doute pour l'avenir. Un autre quart est composé de « progressistes » plutôt neutres vis-à-vis de liens familiaux. Elle représente typiquement l'aile marchante des *papyboomers*, cultivée, exigeante, consommatrice. Il s'agit des masters (façon IFOP), une clientèle à laquelle les annonceurs n'accordent pas l'attention qu'elle mérite. Selon Tranzer, ces masters sont en effet, contre toute attente, plus à la page que les jeunes ! Ils sont ainsi par exemple plus nombreux que les moins de 30 ans à croire en l'Europe, à être favorables au vote des immigrés, à aimer les mélanges de cultures, à prêcher la tolérance, à regarder des cassettes DVD ou à faire leurs emplettes sur le web.

Pour Benoît Tranzer, « ils sont parfaitement inscrits dans la modernité ». En tant que consommateurs, rien ne les distingue de leurs cadets.

LES LIBÉRÉS DE SUN CITY

Irons-nous demain jusqu'à tailler sur mesure des micro-univers réservés à cette clientèle riche, exigeante et éprise de sécurité ? Un tel concept s'est développé, comme par hasard, aux États-Unis. Il est né en 1962, dans le désert de l'Arizona, où un promoteur atteint de tuberculose a donné le premier coup de pioche à Sun City, la première ville à clientèle sélective. En franchissant l'un de ses portails d'entrée, on a d'abord le sentiment de circuler dans un vaste lotissement pour cadres, en plus grand. Comme Kaufmann & Broad a si bien su les construire en région parisienne. Et puis, progressivement, on se rend compte qu'il y a bien davantage : un McDo sur Central Avenue, une pompe Texaco et un bistro-restaurant juste en face, un centre commercial rutilant au coin de Maple et d'Elm Street, une église évangélique un peu plus loin. Sun City est une vraie cité de 66 000 habitants. Avec tous les services propres à la ville. Mais surtout avec cent vingt pages de règlement intérieur rédigées format 210x297 d'une écriture serrée. Car n'achète pas à Sun City qui veut. Il faut impérativement avoir franchi le cap des 55 ans. « Un âge charnière, précise l'alerte chargée des relations publiques. D'après nos calculs, au cours des vingt prochaines années, la population des plus de 55 ans va doubler. »

Faut-il préciser que la plaine de Phoenix compte déjà trois unités ainsi formatées au goût des masters et des libérés ? Sans oublier la trentaine de clones répartis sur toute la partie sud des États-Unis. L'équipement en centres de *fitness*, piscines, golfs et autres unités Internet est impressionnant. Les rues sont calmes, les maisons pimpantes, les trottoirs débarrassés des habituelles déjections d'animaux domestiques. Les petits enfants ont droit de visite, mais seulement deux mois par an. Et l'accès à la piscine est filtré tandis que le *jacuzzi* leur est carrément interdit. Et la sécurité ? Elle est assurée collectivement, selon des règles très strictes, chacun se sentant coresponsable du bien-être collectif. Commentaire de l'unique shérif représentant la force publique : « Ici, ce que l'on vole, ce sont uniquement les clubs de golf. »

Comment vit-on à Sun City ? Ken et Carol T., 67 et 65 ans n'avaient pas vraiment le profil de l'emploi. Respectivement ingénieur chez l'avionneur Mc Donnell Douglas et agent immobilier, ils ont pris une préretraite il y a douze ans pour réaliser leur rêve : naviguer dans les eaux du Pacifique. Explorer, voir du monde, passer de port en port, hisser les voiles, telle était leur vocation. Elle ne dura qu'un temps. Le désir de poser le sac se faisait irrésistiblement sentir. Une fois éliminées les plaines de leur Wisconsin natal, les T. visent le *south belt* ensoleillé. Ils passeront un an à sillonner la Californie, la Floride et la Caroline du Sud. Ils examineront des dizaines de prospectus de résidences. Pour finalement se fixer à Phoenix. Pourquoi ? « Le rapport qualité/prix est bon. On en a pour son argent », estime Ken. Payée 128 000 dollars en 1997, sa maison en valait 200 000 six ans plus tard. Et puis, comme il l'a constaté, « autant tous les équipements et les services sont à votre disposition, de même que toutes les occasions de rencontre, autant il n'y a aucune obligation d'en faire usage. Nous avons vécu comme des reclus pendant trois ans. »

Les T. contribuent désormais très activement à la vie communautaire. Ken enseigne l'informatique tandis que Carol anime l'atelier de poterie. Et le jour où leur tonus flanchera ? « On y a pensé », répond-il. Sun City aussi, qui gère, à quelques kilomètres de là, un centre de vie ultramoderne pour dépendants. Bref, le grand âge des T. a été anticipé. « Ce qui ne signifie pas que nous acceptions leur offre ajoute Ken. Nous avons déjà déménagé cinq fois en quarante-trois années de mariage. » Rendez-vous dans… dix ans.

LE TOURNANT DES SOIXANTE-QUINZE ANS

Il y a encore cinquante ans, on se sentait vieux et l'on était considéré comme tel à l'âge de 60 ans. Désormais, selon pratiquement tous les observateurs, c'est vers 75 ans que se produit une rupture dans le mode de vie. Selon Tréguer, « on entre alors vraiment dans la vieillesse ». Jusqu'à 84 ans, le spécialiste du marketing définit les consommateurs comme des « paisibles ». Certaines préoccupations des libérés disparaissent. Les détenteurs d'ordinateurs ne sont plus que 7 %, alors qu'ils étaient majoritaires avant 75 ans. De même, l'utilisation du téléphone portable est-elle moins fréquente. L'activité ralentit.

Forts du succès de *Notre Temps*, qui comptait 4,5 millions de lecteurs début 2004 (et qui avait failli s'appeler *Cheveux d'or*, à son lancement, en 1968), les responsables de Bayard Presse avaient sorti *Le Bel Age*, avec précisément les paisibles pour cible. Le mensuel n'a tenu qu'un an et demi. Il n'y avait pas de marché. Commentaire d'Agnès Rochefort-Turquin, directrice du département Seniors et Modes de Vie : « Il est très difficile de vendre le dernier magazine de votre vie. » Et d'ajouter qu'« autrefois, il n'y avait qu'une étape dans la vie des retraités. Aujourd'hui, il y en a deux. Il faut savoir prendre la retraite de la retraite ». Il n'est pas exclu que les paisibles de demain se comportent différemment, car ils ont été nourris plus tôt aux technologies de l'information. L'« effet génération » devrait jouer. Mais l'usure inévitable de la machine – effet d'âge – fera aussi son œuvre.

Chez les paisibles actuels, la santé reste bonne, et figure, avec la famille, au premier plan des préoccupations. Car la peur de tomber en panne augmente inexorablement. D'autant plus qu'à cet âge, la probabilité de perdre son conjoint prend des proportions préoccupantes, créant un vide parfois difficile à combler. Les paisibles ont moins de revenus que les libérés – pour le moment, car les *papyboomers* modifieront la donne à partir de 2010/2015 – mais, comme le prouvent les chiffres de Mlle Bodier, leurs besoins globaux diminuent nettement aussi (de l'ordre de 10 à 15 %, chez les ménages de 70-74 ans par rapport à leur consommation dix ans auparavant). Un coup d'arrêt brutal est mis aux voyages et même aux déplacements, car le nombre de conducteurs s'effondre.

Les dépenses de santé sont les seules à augmenter inexorablement. Si moins de 20 % des 40-49 ans voient un médecin généraliste tous les mois, cette proportion passe à 30 % chez les 60-69 ans et à plus de 40 % chez les 70-79 ans. À 80 ans et plus, les dépenses médicales remboursées sont plus de trois fois supérieures à la moyenne nationale[7]. Le généraliste devient alors le confident, consulté à un rythme souvent plus que mensuel. En revanche, les visites chez le dentiste se font d'autant plus rares que les dentiers se multiplient… Quant à la consommation de médicaments, elle dépasse, au-delà de 70 ans, le double de son niveau moyen de vie. Tandis que le nombre de spécialités prescrites par ordonnance passe de six à neuf. Les plus de 65 ans sont proportionnellement deux fois plus nombreux que leurs cadets à prendre des médicaments et ils en consomment en moyenne quatre fois plus, en euros, le médicament classé en tête du *hit parade* étant cependant le très inoffensif Diantalvic[8]. Le vieillissement entraîne donc une évidente surconsommation médicale, mais elle est loin d'atteindre les proportions affirmées par certains. Il est faux de dire, par exemple, que l'on effectue, au cours de sa dernière année de vie, la moitié de sa consommation totale. On dépenserait plutôt cinq fois plus qu'au cours d'une année moyenne[9].

Si le déclin inévitable de leurs facultés vitales pousse les paisibles dans les bras des médecins, il en fait aussi de gros consommateurs de services à domicile. Quatre millions de ménages, un tiers de ceux dont le chef est un senior, ont besoin d'aide pour la vie quotidienne. Pour le moment, cette aide est largement fournie par les femmes de la famille. Ces femmes sont le plus souvent au foyer. Mais qu'en sera-t-il demain, depuis la généralisation du travail féminin ? La disponibilité des proches va s'effondrer. Là où les plus de 85 ans actuels bénéficient en moyenne, selon les statistiques, de deux « aidants familiaux » et demi chacun, il n'y en aura bientôt moins d'un seul[10]. Les paisibles représentent de ce fait une source importante de création de vrais emplois. Car cette clientèle est de plus en plus solvable. Et les épouses, les filles et les belles-filles qui veillent aujourd'hui à la bonne santé de leurs vieux ne seront pas toutes remplacées demain par des bénévoles.

« À partir d'un certain âge, l'intendance ne suit plus », aimait à dire, toujours caustique, le général de Gaulle. Cet âge, parfois qualifié de « quatrième », se situe au-delà de 85 ans. C'est celui des « Grands Aînés ». On appréciera les majuscules… Pour Tréguer, « la solitude et la dépendance sont les deux mots clés caractéristiques de cette partie de la vie ». Même si, contrairement à une idée largement répandue, lors de la canicule de l'été 2003, plus des deux tiers des grands aînés vivaient à domicile, chez eux ou chez leurs enfants et non dans les établissements spécialisés. En somme, ils n'avaient pas été « abandonnés ».

À la fin de 2003, l'équipe d'économistes et de sociologues chargés de rédiger l'*Observatoire Caisses d'épargne 2004* a fait effectuer une enquête unique en son genre auprès d'une vaste population de plus de six mille seniors. Pour la petite histoire, 59 % des plus de 50 ans trouvent ce nom de baptême d'autant plus « valorisant » qu'ils ne se sentent pas « vieux ». Les spécialistes de l'Observatoire en ont profité pour rappeler quelques seuils à garder en mémoire : c'est à partir de 53 ans que les parents avec enfants à charge deviennent minoritaires dans la population. À 54 ans, 70 % des prêts immobiliers sont remboursés. Et l'âge moyen du départ à la retraite est de 58 ans.

LA GÉNÉRATION « OUF »

À l'autre bout du spectre, dès 77 ans, plus de la moitié des femmes sont veuves et à 86 ans, plus d'un rescapé sur deux a besoin d'une aide. Comme si le parcours du senior passait progressivement de la liberté retrouvée de l'adulte affranchi à l'attente angoissée d'une fin de vie inéluctablement difficile. De fait, les chercheurs des Caisses d'épargne notent deux phases très nettement distinctes dans le parcours des seniors, la césure se situant aux environs de 75 ans, soit précisément à l'âge séparant les « libérés » des « paisibles » de Senior Agency. Première rupture, le passage à la retraite n'est plus du tout perçu comme un déclassement social : 58 % des seniors encore en activité l'attendent même avec « impatience » ou « soulagement ». Même s'ils ont raison sur le fond, ceux qui, comme Robert Rochefort, plaident pour la retraite à 70 ans[11] ont du souci à se faire ! La génération « ouf ! » l'emporte largement sur la génération « aïe ! ».

À quoi sert l'argent pour les seniors du début du troisième millénaire ? Réponse : à assurer leur autonomie, à ne pas être un fardeau, en particulier pour leurs enfants, à gérer le moment venu la dépendance. Et, accessoirement, mais de manière croissante, à payer d'avance leurs obsèques. Il ne s'agit pas d'une anecdote. Près d'un septuagénaire sur trois verse chaque année sa cotisation au financement de cette ultime cérémonie. Ce succès, qui surprend même les assureurs, paraît d'autant plus étrange que la foi des Français est en fort déclin. Pourquoi des obsèques ? Et pourquoi cotiser chaque année, au point, si l'on doit vivre très vieux, de payer deux, voire trois fois leur coût effectif ? Bien que les cotisants affirment tous agir au nom de l'autonomie, les assureurs ont tendance à les classer dans deux catégories. Il y a d'abord ceux qui veulent soulager leurs descendants de cette pénible corvée. « Que ce passage difficile soit le plus facile possible », comme le pense en toute sincérité Paul, 83 ans, assuré, comme son épouse, depuis cinq ans. Les motifs de l'autre catégorie sont moins nobles : il s'agit d'éviter que les enfants n'assurent des funérailles peu conformes à ses dernières volontés. Une affaire d'ego, en quelque sorte.

AUTONOMIE OU AVARICE ?

Il y a de fait deux lectures possibles de la volonté d'autonomie affichée par une forte majorité des seniors. La première l'attribue à une pudeur – ne pas déranger – analogue à celle de Paul et sans doute renforcée par les nouvelles valeurs individualistes du moment. Commentaire d'Alain Tourdjman, l'animateur de l'*Observatoire Caisses d'épargne 2004* : « La représentation symbolique de l'autonomie a explosé en France. Il s'agit de ne pas dépendre, de ne pas peser sur les autres. L'avenir est trop incertain pour ne pas prendre en charge les moyens d'y faire face. » L'autonomie serait alors affaire de dignité.

On peut faire une autre lecture, plus pessimiste, de cette valeur nouvelle. En 2000, l'institut de sondage IPSOS réalisait une étude européenne pour le compte du distributeur de crédit Sofinco. À leur grande surprise, les responsables de l'étude ont découvert le caractère « jouisseur » des seniors. Priés de choisir entre « dépenser son épargne pour profiter de la vie » ou « la garder pour la transmettre à ses proches », une majorité de seniors européens optait sans hésitation pour la première proposition. On sera soulagé d'apprendre que les Néerlandais étaient beaucoup plus nombreux (73 %) à vouloir en profiter que les Français (50 %).

De fait, dans le commentaire de l'étude des Caisses d'épargne, on notera cette interrogation révélatrice : « Les seniors d'aujourd'hui seraient-ils devenus plus égoïstes que leurs prédécesseurs ? » Et de répondre : « Ils récusent certes un esprit de sacrifice qu'avaient peut-être davantage leurs aînés, mais leur logique s'inscrit surtout dans un objectif de valorisation du capital humain de leur lignée. » Nous voilà rassurés...

Cette lecture n'est-elle pas un tant soit peu angélique ? D'abord, Alain Tourdjman en convient, « la volonté de bien vivre (et de vivre correctement jusqu'au bout) est évidente, notamment avant 75 ans. Ils considèrent qu'ils ont fait leur devoir vis-à-vis de leurs enfants, à qui il appartient désormais de se réaliser. Quant a eux, ils respirent mieux, ils voyagent, ils ne s'oublient pas ». Les attitudes et les faits confirment cet égocentrisme. Ainsi, l'enquête nous apprend-elle que lorsqu'on demande aux seniors ce qu'il faut transmettre à leurs enfants, ils sont moins de 25 % à répondre « le plus possible », mais 40 % à affirmer « ce qui restera quand on aura bien vécu ». Plus surprenant encore, le pourcentage des interviewés optant pour cette proposition augmente avec l'âge ! Les « Grands Anciens » de Jean-Paul Tréguer seraient-ils aussi devenus de grands cupides ? Sans doute que oui, même si d'autres enquêtes montrent heureusement qu'ils savent encore donner. Mais pas tous. Et dans d'étroites limites.

Quand on sait que moins de 10 % des seniors se couvrent contre la dépendance qui pourtant les angoisse à juste titre, quand on découvre que les « transferts intergénérations » revendiqués par six seniors sur dix, représentent des sommes relativement modestes, quand on observe que le taux d'épargne déjà élevé des Français augmente après le passage à la retraite pour atteindre – on se demande bien pourquoi – des sommets au-delà de 80 ans, alors que le nombre de donations s'effondre à partir de 75 ans, lorsque le fisc ne les encourage plus, alors il est permis d'avoir quelques doutes quant à la générosité des possédants du XXIe siècle.

Pour y voir plus clair, il est indispensable d'examiner leur propension à épargner et leurs comportements patrimoniaux.

-3-

Un sou est un sou

Les vrais riches ne sont pas toujours ceux que l'on croit. Prenez Huguette S., au service depuis vingt-deux ans de la famille B., des banquiers parisiens, dont elle garde la propriété angevine, une élégante commanderie située à quelques kilomètres de Saumur. Huguette, 88 ans et son époux Albert, qui en affiche deux de moins, vivent chichement des quelque 350 euros mensuels versés par les B. De la main à la main, il va s'en dire. Huguette est malheureusement emportée par la canicule de l'été 2003, à laquelle Albert survivra. Le malheureux est en revanche incapable de débrouiller la succession de son épouse. Le patron-banquier est appelé en consultation. Il découvre avec stupeur qu'Huguette disposait de quatre comptes au Crédit agricole des Pays-de-la-Loire et que ses avoirs s'élevaient à la modique somme de 650 000 euros. La modeste pension de retraite des S. était aussitôt placée. Pourquoi donc, alors que leur fille était victime de la maladie d'Alzheimer ? Son mari assumait. En revanche Huguette, aux dires de son employeur, avait « peur d'être abandonnée ». Son décès fait en tout cas l'affaire du Trésor public, qui va ramasser au bas mot 200 000 euros, lorsque les affaires d'Huguette auront été réglées. Ce sera long, car, comme 80 % des époux, les S. n'ont rédigé ni contrat de mariage, ni testament.

UN PEUPLE DE FOURMIS

De cette histoire plus banale qu'on ne pourrait l'imaginer, on retiendra que les Français sont un peuple de fourmis. Le taux d'épargne des ménages français évolue dans une bande relativement étroite comprise, selon les années, entre 15 et 18 % de leur revenu disponible. Il a atteint des sommets à la fin des années 1970. À l'époque, la hausse vertigineuse des prix de détail rongeait les patrimoines, qui galopaient moins vite. Pour éviter que le pouvoir d'achat baisse, il fallait donc augmenter tous les ans son effort d'épargne, au détriment de sa consommation. Depuis le milieu des années 1980, la situation a complètement changé. L'inflation s'est écroulée et, grâce au niveau élevé des taux d'intérêt, tout franc, puis tout euro mis de côté ont vu leur pouvoir d'achat augmenter pratiquement en dormant. Normalement, dans un environnement aussi favorable, le taux d'épargne aurait dû baisser. Il n'était plus nécessaire, comme avant, de compléter. On pouvait même réduire la voilure et consommer davantage sans s'appauvrir. Ce comportement a certes été observé, mais de manière beaucoup moins spectaculaire que chez nos voisins européens, qui sont pourtant dans la même situation, mais qui, à l'exception des Italiens, des Allemands et des Belges, épargnent plutôt moins que les Français. Aussi, en septembre 2001, les experts de l'*Observatoire Caisses d'épargne 2002* écrivaient-ils : « Toutes choses égales par ailleurs, après prise en compte de l'érosion monétaire, le taux d'épargne actuel se situe sans doute à son maximum depuis un demi-siècle. » Or, en 2002 ce taux avait encore augmenté ! Au point de retrouver son niveau proche de

18 %, caractéristique des années de crise de l'hyper-inflation. Et pourtant, en 2002, les prix de détail sont restés sages. Pourquoi une telle frilosité ?

L'épargne est généralement associée soit à la précaution, soit au projet. Dans le premier cas, il s'agit de se constituer un matelas permettant de faire face aux coups durs, comme le chômage ou la voiture détruite par accident. Dans le second, l'objectif est de préparer un événement majeur, comme l'accession à la propriété ou le passage à la retraite. D'ailleurs, dans un sondage réalisé pour l'*Observatoire Caisses d'épargne 2002*, près de neuf interviewés sur dix étaient d'accord avec l'affirmation selon laquelle « épargner, ça doit servir à réaliser des projets ou à répondre à des préoccupations précises ». Encore faut-il savoir lesquels.

ACCUMULATION À TOUT ÂGE

En 1985, l'économiste américain d'origine italienne Franco Modigliani s'est vu attribuer le prix Nobel d'économie, pour, entre autres, son « hypothèse du cycle de vie » (sous-entendu, de l'épargne) émise en 1954. Sa théorie postule que chaque agent économique s'efforce d'optimiser sa consommation tout au long de sa vie. Quant à son épargne, c'est-à-dire sa non-consommation, elle a essentiellement pour fonction de déplacer du pouvoir d'achat entre les périodes où le pouvoir d'achat de l'agent est important et celles où il est faible ou nul. Modigliani distingue ainsi trois grandes périodes de l'existence. Lorsqu'on est jeune, on n'a pas les moyens d'épargner. En revanche, on tend à s'endetter pour l'achat de gros biens d'équipement, comme la voiture, ou pour le financement de sa résidence principale. Puis, la situation matérielle s'améliorant, le pouvoir d'achat s'accroît, libérant la capacité d'épargne nécessaire à la réalisation des projets. L'âge de la maturité est aussi celui de l'accumulation. Enfin, une fois à la retraite, les cassettes se vident, car, pour maintenir le niveau de vie, il est nécessaire de désépargner. Dans son cycle de vie, le particulier aura donc prélevé, puis restitué environ le même capital augmenté des intérêts. La boucle est bouclée…

Curieusement, alors qu'elle est assez bien vérifiée aux États-Unis, où elle est née, la théorie de Modigliani ne s'applique que très imparfaitement à la France. Certes, les jeunes ménages commencent en général par s'endetter. Mais moins qu'ailleurs. Et puis, très rapidement, l'accumulation commence, avec l'achat de la première résidence principale, à partir de 30-35 ans. S'ensuivent une trentaine d'années tout à fait conformes aux attentes du cycle de vie, pendant lesquels on accumule. En revanche, une fois franchi le cap de la soixantaine, rien ne va plus, et Modigliani a tout faux. Car les ménages français continuent à mettre imperturbablement de l'argent de côté ! Preuve, s'il en était besoin, que même si les revenus diminuent, le passage à la retraite ne représente pas le traumatisme souvent mis en avant par les vendeurs de contrats d'assurance-vie. Le taux d'épargne baisse néanmoins à la soixantaine, mais seulement très légèrement. Selon les calculs effectués par André Babeau, conseiller scientifique du BIPE et depuis longtemps la personne la plus compétente en France sur ce sujet, en 2000, le taux d'épargne passait de 18 % du revenu disponible entre

50 et 59 ans à 14% entre 60 et 69 ans. Puis, il remontait à 17% entre 70 et 79 ans pour dépasser 20% au-delà de 80 ans. Ce dernier chiffre est à proprement parler extravagant. À se demander si, sauf exception (tout le monde n'a pas les moyens d'épargner), les pensions de retraite actuelles ne sont pas trop généreuses…

L'enquête annuelle effectuée en 2003 pour l'*Observatoire Caisses d'épargne 2004* confirme les calculs effectués par M. Babeau à partir des données de 2000. Quel que soit leur âge, les Français restent des fourmis. Ils sont ainsi sept sur dix à dire vouloir « maintenir leur effort d'épargne ». Y compris, ce qui ne manquera pas de surprendre, aux âges les plus avancés. Les banquiers connaissent bien ce comportement, qui est pain béni pour eux, tant que cette clientèle leur reste fidèle. Elle l'est d'autant plus que le guichet de sa banque devient progressivement, comme le cabinet du médecin généraliste, un lieu de rendez-vous, mieux encore un lieu de vie. Prenez Gustave L., épicier à la retraite, père d'un acteur très célèbre et client de la Société générale. Tous les jours, vers 10 heures, Gustave franchit la porte du guichet de son quartier, rue Lamarck. Quelques minutes lui suffiront pour consulter ses comptes et pour faire le point sur ses avoirs avec la chargée de clientèle, une vraie sainte. On comprend que les dirigeants de banque investissent dans l'animation. Elle représente un puissant outil de fidélisation des seniors. Commentaire d'un banquier : « Ils ne viennent pas spécialement en agence pour leurs affaires patrimoniales, mais pour s'occuper, pour se distraire. Comme ces dames aux cheveux bleus du samedi matin qui sortent de chez le coiffeur. Même ceux qui utilisent leur carte bancaire ne retirent que 60 euros à la fois, histoire de revenir. » Les établissements sans guichet tant vantés ces dernières années sont en revanche un produit de jeunes. Étant donné le manque de dynamisme démographique de ce marché, leur potentiel de développement paraît limité.

L'ÉPARGNE-RÉFLEXE

Pourquoi les Français épargnent-ils indéfiniment ? Souvent par principe, puis, au risque de surprendre, par habitude, tout simplement. Quand on est économe, c'est pour la vie. « Mon grand père a mis de l'argent de côté jusqu'à son dernier jour. Il n'était pas question pour lui de tout dépenser », se souvient Colette Neuville, connue comme la *passionaria* des actionnaires minoritaires. Chez beaucoup de couples, l'épargne devient progressivement une sorte de réflexe. Ils en ont développé la routine très jeunes – vers la trentaine – lorsqu'ils sont devenus propriétaires, les mensualités de remboursement de leurs emprunts immobiliers n'étant rien d'autre que de l'épargne forcée. Or ces mensualités pouvaient représenter jusqu'à 30 %, voire parfois un peu plus, de leurs salaires. Et si les banquiers pratiquent facilement la vente de crédits immobiliers à perte, c'est qu'ils savent qu'au terme des quelque quinze années d'effort, le client-emprunteur ne lèvera pas le pied. Il deviendra donc un souscripteur tout naturel de leur contrat d'assurance-vie multisupports ou de leur plan d'épargne en actions à versements programmés, deux placements particulièrement rémunérateurs… pour l'établissement. Inutile de dire que le nouveau Plan d'épargne retraite populaire, le PERP au nom quelque peu barbare, arrive à point nommé pour consolider une clientèle bancaire déjà largement acquise aux vertus de l'épargne. Si les retraités pouvaient avoir accès au PERP, gageons qu'ils ne le bouderaient pas, mais l'ajouteraient à leur panoplie. En 1988, Édouard Balladur avait conçu le premier plan d'épargne-retraite de notre histoire. L'échec retentissant de son PER trop compliqué a fait oublier qu'il avait surtout séduit les épargnants déjà retraités. Tel n'était évidemment pas son objet !

Pierrette et Marcel T., restaurateurs en Ardèche, ont tous deux la cinquantaine et rêvent du jour où ils éteindront les fourneaux. Leur living est rempli de prospectus de voyage, Pierrette aimerait consacrer plus de temps à ses toilettes et Marcel s'imagine au volant d'une grosse cylindrée. En attendant, les enfants ont quitté le toit familial et les T. vivent, confortablement selon eux, avec un budget, taxes comprises, de 1800 euros par mois. Ils épargnent – quelle question ! – environ 800 euros supplémentaires. Eh bien, parions qu'une fois à la retraite, ils ne perdront pas la main. Non seulement ils ne tireront pas sur leur contrat d'assurance-vie ni sur leurs deux livrets – « l'épargne de précaution, c'est sacré » – mais ils continueront à ne pas consommer la totalité de leurs revenus. Et ils sacrifieront la plupart de leurs rêves. Sans regret. « Les gens économes le restent », affirme très justement Alain Tourdjman, le responsable des études et de la prospective aux Caisses d'épargne.

On peut aussi voir dans l'acharnement des écureuils français une méfiance quasi-atavique à l'égard du système dans lequel ils vivent. Quand on n'y voit pas clair, quand on se méfie, mieux vaut prendre ses dispositions. Et deux précautions valant mieux qu'une, on ouvrira des livrets, des plans d'épargne logement aussi bien que des plans d'épargne populaire (désormais caducs) ou des contrats d'assurance-vie. Pour employer le jargon des vendeurs de placements, on s'équipe. Avec d'autant plus de détermination que la conduite des affaires du pays inspire quelque inquiétude. Comme au début des années 1980, lorsque la gauche prit le pouvoir ou en 2003, lorsque la réforme des retraites parut enfin imminente. À chaque fois, le taux d'épargne atteint des sommets. L'équilibre futur des caisses de retraite « par répartition » n'étant que partiellement réglé par la loi Fillon de 2003, l'effort des ménages soucieux de ne pas hypothéquer l'avenir n'a aucune raison de se relâcher, bien au contraire. Dès 2005-2006, lorsque l'augmentation massive du nombre de départs fera réapparaître les déficits, il y a fort à parier que la machine à épargner tournera à plein régime. Au détriment, bien sûr, de la consommation, et donc de la croissance.

LE SYNDROME DE LA CASSETTE

L'habitude et la méfiance sont-elles des motifs suffisants pour justifier le taux d'épargne spectaculaire des septuagénaires et des octogénaires ? Qu'au-delà de 70 ans, un ménage sur quatre puisse encore pratiquer l'épargne-logement paraît tout de même singulier. Ce n'est pas à un tel âge que l'on envisage un projet immobilier ! En revanche, jusqu'à sa réforme en décembre 2002, l'épargne-logement, représentait bien de l'argent « qui travaillait ». De manière plus rentable que sur un simple livret. Or, à en juger par le sondage effectué pour le compte de l'*Observatoire Caisses d'épargne 2004*, les deux principales raisons qui conduisent les plus de 80 ans à épargner, ce sont d'abord « aider les enfants et les proches », ensuite « en prévision des vieux jours ». Faut-il voir dans la première réponse l'affirmation de la générosité ? Sans doute que oui, du moins pour une fraction minoritaire de cette population. Quant à la préparation des vieux jours, elle a bon dos à 80 ans !

La réponse de cette population à une autre question permet d'y voir plus clair. Quatre attitudes étaient proposées aux interviewés : l'argent sert-il d'abord « à être dépensé », « à réaliser des projets », « à être investi pour le faire fructifier » ou, enfin, « à être économisé autant que possible ». Chez les moins de 50 ans, le « projet » arrive largement en tête, tandis que l'« économie » recueille moins de 10 % des suffrages. Puis, ce dernier objectif, aux contours flous, commence son inexorable progression avec l'âge. Au-delà de 80 ans, l'économie compte pour 31 % des voix, loin devant les dépenses et les projets. Ne s'agirait-il pas du syndrome de la cassette ? Accumulez, accumulez, il en restera toujours quelque chose.

Cette irrésistible accumulation, les banquiers sont bien placés pour l'observer. Depuis dix ans, Georges K., 82 ans, place imperturbablement son matelas de 540 000 euros à horizon d'un mois, sur un compte à terme indéfiniment renouvelable. Son banquier a beau attirer son attention sur le fait que les taux d'intérêt à un mois sont tombés aux alentours de 2 %, rien n'y fait, il s'accroche à son placement-fétiche. « À partir d'un certain âge, affirme un notaire, certains de mes clients ne pensent qu'à l'argent. » On ne saurait être plus franc !

Comme pour faire écho à cette remarque lapidaire, l'expérience montre que nombre de personnes âgées deviennent obsédées par le « net d'impôt ». Il est donc relativement aisé de leur faire ouvrir un plan d'épargne en actions ou un nouveau contrat d'assurance-vie, car elles sont généralement bien pourvues. Un obstacle, cependant, d'ordre d'ailleurs fiscal : au-delà de 70 ans, les versements supérieurs à 30000 euros sur les contrats d'assurance-vie sont imposables. Aussi cessent-ils comme par enchantement.

LA PEUR DE MANQUER

Les seniors les plus âgés ont une raison toute particulière de mettre indéfiniment de l'argent de coté, battant en brèche la théorie du cycle de vie : ils ont peur. Nous sortons alors du monde du projet, rationnel, chiffrable pour pénétrer dans l'univers trouble du fantasme. Selon l'ex-ministre du Budget Alain Lambert, qui, pour avoir été longtemps notaire, a sondé bien des reins et des cœurs : « À partir de 75 ans, certains ont besoin de leur patrimoine pour exister. » Madeleine T., 82 ans s'est toujours privée. Mais, aujourd'hui, elle a tellement peur de manquer qu'elle refuse de prendre une garde pour son mari dépendant. Elle a pourtant hérité d'un appartement mis en location et son patrimoine investi en assurance-vie et en sociétés civiles de placement immobilier dépasse les 350 000 euros. Comprenne qui pourra…

Dans l'enquête réalisée pour l'*Observatoire Caisses d'épargne 2004*, à la question fondamentale : « À quoi sert l'épargne ? », les sondeurs avaient demandé à un échantillon de Français de choisir deux réponses parmi cinq. Il est apparu de manière limpide que si les moins de 49 ans répondaient d'abord : « réaliser des projets » et « se rassurer pour l'avenir », chez leurs aînés, ce dernier objectif était largement dépassé par « être autonome ». L'autonomie est même ressortie comme une préoccupation qui ne cesse de se développer avec l'âge. Elle est citée par trois « plus de 70 ans » sur quatre, contre un tiers seulement des « moins de 34 ans ».

LA PEUR DE VIVRE

Quel contenu donner au terme d'autonomie ? Il est vraisemblable que ses contours évoluent avec l'âge. Pour les jeunes seniors, et tout particulièrement les *papyboomers* actuellement quinquagénaires, on peut y lire l'aspiration à la liberté, la volonté de ne pas voir entravés leurs désirs. Ce que permet effectivement une réserve d'argent commodément mise de côté. Leurs aînés septuagénaires savent, quant à eux, que cette réserve, non seulement ils ne l'ont pas épuisée (même si certains en ont donné une fraction à leurs enfants), mais ils l'ont à peine entamée et, comme le démontre l'évolution de leur taux d'épargne, le plus souvent ils l'ont même alimentée ! Seulement voilà : à 75 ans et davantage, les désirs se sont quelque peu évaporés. Tandis que la pelote s'est arrondie. Car les années 1985-2000 de la grande désinflation, des taux d'intérêt élevés et de l'explosion de la Bourse, ont été celles d'un véritable âge d'or patrimonial. En quinze ans, la fortune des Français a été multipliée par trois. En dépit des ravages du krach boursier, largement compensés par l'envolée des prix immobiliers, les seniors de 75 ans et davantage sont toujours aussi riches.

À quoi leur épargne sert-elle encore ? À quel besoin correspond l'objectif d'autonomie, qui devient pourtant de plus en plus prégnant ? « Depuis dix ans, je joue les prolongations », répète inlassablement Maurice P., 84 ans, à son fils Martin. Comme les 350 000 Français âgés de plus de 80 ans en 2003, Maurice est rongé par un doute proprement existentiel : il ne sait pas combien de temps il va durer. Il y a de quoi être angoissé, en effet. Et quand on a peur du lendemain, on cherche à faire durer son argent le plus longtemps possible. Dame, il faut qu'il puisse encore servir !

Antonin B., la quarantaine, est un banquier spécialisé dans la clientèle des particuliers. Ses deux grands-mères sont encore de ce monde. Nonagénaires, elles vivent dans des appartements parisiens spacieux, trop sans doute. Elles ont toujours su compter et elles n'ont jamais dépensé un sou de trop. Résultat, chacune dispose d'un bon 200 000 euros sur ses divers comptes d'épargne. Et, en dépit des remarques de leur petit-fils, aucune n'envisage de se dessaisir, même partiellement, de sa cassette. Pis : elles ne se remettent pas du passage à l'euro, qui leur a donné, comme à des dizaines de milliers de retraités âgés, un pénible et lancinant sentiment d'appauvrissement. Commentaire désabusé d'Antonin : « À partir d'un certain âge, on ne sait plus très bien ce que l'on a. » Les services financiers de la Poste confirment : les dépôts sur certains comptes-chèques postaux peuvent atteindre deux années de pension de retraite ! Et les intrépides « conseillers financiers » de l'établissement au sigle de l'oiseau bleu ont beau tenter de convaincre mamie qu'elle pourrait faire travailler, à son profit, cette masse de capitaux qui ne profite qu'à la Poste, rien n'y fait, le domaine du raisonnement est dépassé. Seule compte la sécurité totale du CCP.

Leur obsession de l'accumulation rend les personnes d'un grand âge les proies toutes désignées non seulement des margoulins prêts à tout pour se faire coucher sur leur testament, mais aussi des aigrefins de l'épargne, voire des collaborateurs indélicats des intermédiaires financiers. Observation d'un banquier spécialiste de la clientèle senior : « L'héliocentrisme est un phénomène dont on n'a pas encore mesuré toutes les conséquences patrimoniales. Les personnes âgées s'installent à Menton ou à Montpellier, peu importe. Elles vivent dans un contexte où tout est fait pour elles, mais où elles sont tenues éloignées de leur famille. Eh bien, je vous assure qu'il y a sur place des professionnels qui s'en occupent activement. »

En 1997, à six mois d'intervalle, Martine M. a eu l'infortune de perdre successivement sa mère, puis son père. Elle apprendra chez le notaire que la « dame de compagnie » de ce dernier avait été rendue légataire universel au bout de deux années de présence à son chevet. Un grand classique… Catherine G. a découvert lors du décès, à l'âge raisonnable de 91 ans, de sa grand-mère Micheline dont elle était la seule héritière naturelle, que, trois ans auparavant, la défunte avait souscrit deux contrats d'assurance-vie à son profit, puis, l'année suivante, un contrat dont la bénéficiaire était Yvette, la femme de ménage. La clause bénéficiaire des deux contrats avait alors été modifiée au profit de l'employée. La petite-fille a saisi les tribunaux. Sa conclusion ? « Depuis la mort de son fils, ma grand-mère présentait des faiblesses psychologiques. »

« Deux ans après le passage à l'euro, plusieurs dizaines de milliards de francs de billets sans valeur n'avaient pas encore été portés à la conversion en euros aux guichets de la Banque de France. Je parie qu'il y en a encore beaucoup sous les matelas ou derrière les rideaux des personnes âgées. » Le banquier qui tient ces propos connaît son affaire. Il poursuit : « Plus les facultés physiques et mentales baissent et plus la peur d'être dépouillé augmente. » Au risque de provoquer les effets tant redoutés. Depuis l'âge de 85 ans, Viviane, veuve depuis longtemps, souffre de pertes de mémoire. Elle ne sait jamais combien d'argent elle a sur son compte en banque. Aussi non seulement elle se rend quasiment quotidiennement au guichet, mais elle prélève chaque fois des sommes modiques qu'elle cache ensuite dans son appartement. Au risque de ne jamais les retrouver. Observé avec angoisse par sa fille, ce petit jeu a fini par faire le bonheur de… sa femme de ménage.

La distraction est une chose, le calcul en est une autre. Lorsque l'effet des ans a fait perdre le pouvoir de la force et de la beauté, puis le pouvoir économique, le seul pouvoir qui vous reste est celui de l'argent. N'est-il pas d'autant plus tentant d'en user qu'avec le temps, l'impatience des enfants augmente ? Ne pas leur céder est le meilleur moyen de les retenir. Comme le font les parents de Paul-Louis G., 82 ans chacun, un bel appartement à Neuilly, une maison à Cabourg, un chalet en Tarentaise et, outre leur épais portefeuille d'actions, une collection de tableaux contemporains pour lui, et une collection de poupées pour elle. Les G. glissent parfois un chèque dans la poche de leur fils reconnaissant. « Nous avons dû vendre une toile à Drouot », indiquent-ils, un tant soit peu marris, histoire de lui donner mauvaise conscience. Quant à leur fille Agathe, les chèques apportent un peu de réconfort au dénuement dans lequel elle vit à Grenoble, avec un homme qu'elle a peur de quitter. « Nombre de personnes âgées tiennent leurs enfants par l'argent », soupire ce notaire parisien. « Ils en donnent aux uns pour les récompenser, ils n'en donnent pas à d'autres pour les sanctionner. Le chantage à l'argent est une activité prospère. »

HARPAGON PAS MORT

Ce type de comportement n'est certainement pas rare chez les « paisibles » et surtout chez les « grands anciens » chers au publicitaire Jean-Paul Tréguer. La thésaurisation est plutôt un comportement de vieillard. Quel âge avait donc Harpagon, qui en était un ? Soixante ans, nous répond Molière. À son époque, l'espérance de vie d'un Français à sa naissance était inférieure à quarante ans. Or, sur deux filles nées en 2003, l'une vivra plus que centenaire. À quoi faire, dans quelles conditions ? Cette interrogation nous ramène à la fameuse peur. Non pas de mourir – les conventions obsèques se généralisent – mais de vivre. Trop longtemps ou trop mal, qu'importe, ce qui fait peur, c'est la perte d'autonomie, bref, la dépendance.

Ce mot glace d'effroi et justifie en bonne partie les milliards d'euros qui s'entasseront de plus en plus dans les coffres des banques ou des particuliers. La dépendance est d'autant plus redoutée que sa survenance est aléatoire et son coût élevé. Et puis, il n'y a pas de fumée sans feu, si le gouvernement accorde autant d'énergie et d'argent au sujet, c'est qu'il s'agit d'un dossier prioritaire…

Faut-il craindre la dépendance ? Que nous cacherait-on ? Quelle est la réalité d'un phénomène dont on parle beaucoup, mais sur lequel l'information reste étonnamment pauvre ? Et n'y a-t-il pas moyen de se protéger de la dépendance autrement qu'en accumulant des capitaux qui pourraient sans doute trouver de plus utiles affectations ?

-4-
LA HANTISE DE LA PANNE

ON NE PRÉVOIT PAS CE QUE L'ON S'INTERDIT d'envisager. Martine L. et son mari Jean-Pierre n'oublieront pas le jour où son père Vincent, un veuf de 92 ans, est tombé dans sa cuisine. Ancien haut fonctionnaire au ministère des Armées, il était parti à la retraite dès 58 ans en bénéficiant du supplément accordé aux parents de famille nombreuse. Depuis le décès de son épouse, il vivait seul de sa pension de 4000 euros/mois dans un appartement du XVIe arrondissement de Paris mal entretenu et trop grand pour lui. À quoi lui servaient en effet les 160 mètres carrés, dont il avait gardé l'usufruit ? On ne raisonne plus les personnes âgées. « C'était un sujet tabou », admet Martine, qui est pourtant une professionnelle de l'immobilier. En revanche, elle ignorait tout de l'univers parfois opaque des maisons de retraite. Elle apprendra vite.

Première étape, après la commotion cérébrale et l'intervention des pompiers, l'hôpital. Alors que sa fille craignait qu'il y passe, Vincent sera bien pris en mains. Et, puis, même s'il a laissé une partie de sa mémoire sur le carrelage de sa cuisine, son cœur était bon. Seulement, ni l'hôpital, ni sa fille ayant vocation à le garder, une seconde étape, le placement en institution s'imposait. Une assistante sociale providentielle orientera Martine vers le groupe hospitalier Ste Périne, à deux pas de chez son père et vers une résidence Medica située dans la verdure à Clamart. Les tarifs de cette dernière ? 2845 euros/mois de frais d'hébergement, plus 477 euros au titre de la « grande dépendance », 86 euros d'entretien des effets personnels et 47 euros pour la télé soit, un total de l'ordre de 3500 euros après l'octroi d'un généreux rabais de 10 %.

Même si les soins sont ensuite remboursés et que Vincent peut prétendre, compte tenu de sa pension, à environ 1200 euros/an d'Allocation personnelle d'autonomie, la fameuse APA, son entrée en dépendance va coûter cher, très cher. Surtout lorsqu'elle intervient à chaud, comme c'est généralement le cas. Il faut alors prendre des décisions rapides, trouver des solutions sous la contrainte. Les enfants se sentent ballottés, manipulés, égarés. En l'occurrence, le budget de Medica ne passait pas. Les L. renonceront aussi au maintien de Vincent à domicile, avec l'appui d'« assistantes de vie » pourtant disponibles dix heures par jour sept jours sur sept et dont la rémunération peut passer sous la rubrique « emploi à domicile », la rendant déductible du revenu imposable. « La solution était moins coûteuse que la maison médicalisée, précise Martine, à condition de faire l'impasse sur la nuit. » Elle n'avait pas envie que son père meure seul. Il sera finalement confié aux infirmières de Ste Périne, à 3000 euros/mois, tout compris. Ce que sa fille ne sait pas, c'est que le séjour de Vincent a fort peu de chances de dépasser vingt-quatre mois. La grande dépendance ne dure jamais longtemps.

Passé un certain âge, la crainte d'une fin de vie difficile est partagée par tous. Elle se diffuse désormais aux seniors plus jeunes, du fait qu'ils sont de plus en plus nombreux à compter dans leur propre famille un parent cloué au lit, condamné au fauteuil roulant ou errant dans les rues à la recherche du trousseau de clés enfoui dans sa poche. Boutade d'un assureur : « Nous serons tous dépendants (sous-entendu d'aide et de soins) au cours des dernières semaines de notre vie. » Dont acte. Va pour les semaines. Mais « que faire si l'épreuve dure ? », se demande-t-on avec une légitime angoisse. Il semble bien qu'à l'heure actuelle, l'information sur la dépendance soit sensiblement moins nourrie que l'inquiétude qu'elle suscite.

Les étapes de la dépendance

Et d'abord, quelle est l'ampleur du phénomène ? Étant considéré comme un handicap lié au vieillissement, jusqu'au vote d'une récente loi, la dépendance n'intervenait pas, aux yeux de l'administration, avant l'âge de 60 ans. Les plus jeunes, comprenne qui pourra, étaient considérés comme des handicapés. Ce qui compte, évidemment, c'est le niveau d'incapacité physiologique ou neurologique. Pour le mesurer, les services chargés de distribuer des allocations s'appuient sur les six niveaux de la grille Aggir (ou autonomie gérontologique groupe iso-ressources). Cette grille commence par le niveau de dépendance le plus lourd, le « gir1 », des quelque 75 000 personnes actuellement confinées au lit et dont les fonctions intellectuelles sont fortement altérées. Elles ont perdu, selon les professionnels,

« la tête et les jambes ». Au niveau du « gir2 », l'une ou les autres sont défaillantes. En « gir3 », on a simplement besoin de quelqu'un pour accomplir plusieurs fois par jour l'un des actes de la vie quotidienne, comme se laver, s'habiller, se déplacer ou faire sa toilette. À l'autre extrême, les personnes en « gir6 » sont parfaitement autonomes. Les deux allocations qui se sont succédé depuis 1997 sont accordées jusqu'au « gir4 ». Pour mesurer l'ampleur du phénomène de la dépendance, il faut donc se plonger dans l'univers des quatre premiers groupes iso-ressources. En sachant que la définition du quatrième est suffisamment floue ou large pour prêter à confusion.

En 2003, selon le ministère des Affaires sociales, (qui donne une interprétation restrictive du « gir4 »), cet univers comprenait environ 800 000 personnes. Elles vivaient pour les deux tiers soit chez elles, soit dans leur famille, le dernier tiers étant confié à une maison de retraite ou à une unité de soins de longue durée. Cette population représente 6,6 % des plus de 60 ans, une proportion qu'il ne faudrait surtout pas prendre à la lettre. La dépendance est en effet un phénomène du grand âge. Elle affecte seulement 1,2 % des moins de 70 ans, puis 10,5 % de la population à 80 ans, 18,3 % à 85 ans et 30,2 % à 90 ans[1]. Plus d'un nonagénaire sur trois est dépendant. Quant aux centenaires (encore peu nombreux, mais on y vient), selon Jean-Marie Robine, démographe à l'INSERM, « 30 % d'entre eux ont toute leur tête. Quant aux 70 % restants, leur état cognitif n'est pas bien cerné, car ils sont souvent malentendants ou aveugles. Ils sont de ce fait "soupçonnés" de démence ». Il ne fait pas bon vivre trop vieux…

LA MESURE DU RISQUE

Le vieillissement de la population braque les projecteurs sur la dépendance : dès lors que le nombre de personnes d'un grand âge augmente, celles qui nécessiteront soins et accompagnement vont inévitablement se multiplier. Et qui paiera ? À vrai dire, si la simple évolution démographique est porteuse d'angoisse pour la collectivité, les progrès de la médecine, préventive notamment, l'atténuent très sensiblement. La démographie nous annonce à la fois une mauvaise et une bonne nouvelle. Elle nous apprend d'abord – mauvaise nouvelle – qu'au cours des quarante prochaines années, la perte d'autonomie connaîtra deux périodes d'accélération. D'abord entre 2005 et 2010 environ, car les personnes nées à l'occasion du micro-*baby boom* qui a suivi la fin de la Première Guerre mondiale arriveront à l'âge (85 ans) où la dépendance commence à prendre des proportions critiques. La situation se stabilise ensuite, car les naissances ont baissé au cours des années 1920 et 1930. Une nouvelle accélération, durable celle-là, se produit à partir de 2030, lorsque les *papyboomers* de la sortie du second conflit mondial prennent le relais.

La bonne nouvelle, c'est que tout porte à croire que la dépendance ne devrait pas progresser aussi vite que la population en âge de perte d'autonomie. Il se produit un phénomène auquel les professionnels de la santé attribuent le vocable barbare de « compression de la morbidité ». Il a été bien mis en valeur à l'occasion du dépouillement en 2000 d'une enquête réalisée l'année précédente par l'INSEE[2]. Les résultats de cette enquête surprennent les statisticiens. En 1999, le nombre de personnes lourdement dépendantes physiquement et âgées de plus de 60 ans ressort à 600 000. Or en 1990, en partant d'une même définition, on en dénombrait 670 000. Alors qu'entre-temps, la population des plus de 60 ans était passée de 7,9 à 9,4 millions. Le calcul était vite fait : en moins de dix ans, la probabilité d'être lourdement dépendant – les spécialistes parlent de « prévalence » – était tombée de 8,5 à 6,4 %.

Cette statistique peut-elle être considérée comme fiable ? L'enquête a été reconduite en 2004, son dépouillement devant intervenir en fin d'année. D'autres travaux paraissent cependant justifier les espoirs qu'a fait naître la première enquête INSEE. Selon des spécialistes de la santé[3], entre 1981 et 1991, les hommes ont gagné trois ans d'espérance de vie sans incapacité et les femmes 2,6 ans, alors que l'espérance de vie totale n'a progressé que de 2,5 ans. L'écart est certes mince. Il signifie néanmoins que nous vivons de plus en plus longtemps en bonne santé. Formulé autrement, la morbidité est comprimée. Voilà une bonne nouvelle ! Vérifiée de surcroît sur le terrain. Depuis 1988, les chercheurs de l'INSERM effectuent une passionnante expérience consistant à suivre pas à pas un panel de près de quatre mille plus de 65 ans domiciliés dans les départements de la Gironde et de la Dordogne. Ce projet futuriste s'appelle PAQUID ou « quid des personnes âgées ? ». L'initiative s'est révélée féconde. À titre d'exemple, l'autonomie des personnes de 75-84 ans de la génération 1913-1922 ressort comme largement supérieure à celle de la génération précédente (1903-1912) lorsqu'elle avait le même âge.

Munis de ces informations, les experts de la Direction de la recherche et des études du ministère des Affaires sociales ont effectué en 2002 trois scénarios à horizon de 2040[4]. Leur scénario qualifié d'« optimiste » prolonge en fait les tendances observées au cours des années 1990. Il serait donc plutôt « prudent ». En dépit des deux phases d'accélération correspondant au surcroît des naissances d'après-guerre, le nombre de personnes dépendantes passe à 980 000 en 2020, puis à 1 050 000 en 2040, soit un accroissement de 32 %, très inférieur à celui de la population à risque. D'ailleurs, entre 70 et 79 ans, le risque de perte d'autonomie diminue. Et les femmes de plus de 80 ans gagnent deux ans d'espérance de vie sans incident tous les dix ans (ou deux mois et demi tous les ans, ce qui revient au même). La performance de hommes est très légèrement inférieure.

Dans l'hypothèse pessimiste, les gains d'espérance de vie sans dépendance sont supposés évoluer comme l'espérance de vie générale. En somme, la prévention des maladies cardiovasculaires, de l'ostéoporose ou de la démence sénile, les trois grandes fauteuses de dépendance, aurait atteint ses limites. Cette hypothèse paraît hautement improbable. Toujours est-il qu'en 2040, selon ce scénario, la dépendance affecte 1 450 000 personnes. Elle augmente de 78 % en l'espace de quarante ans. Mais peut-on croire un instant que les progrès de la médecine cesseront ? Ils peuvent avoir pour effet négatif de prolonger le temps, déjà imprécis, passé en dépendance lourde, comme le pensent certains experts. Bref, les seniors ont quelque raison de rester angoissés. Leurs descendants aussi, auxquels la loi impose le devoir d'assistance. Selon une enquête de la Caisse nationale d'assurance vieillesse, 95 % des plus de 75 ans lourdement dépendants sont financièrement assistés par leur entourage.

AU SECOURS, L'ÉTAT

Aucun gouvernement ne pouvait rester insensible à cette manifestation de solidarité spontanée et potentiellement ruineuse, du moins dans les cas extrêmes. Dans un pays où la protection sociale est considérée comme un sujet suffisamment important pour ne pas être laissé à l'appréciation de chacun, l'État se devait d'apporter sa contribution. Aussi Alain Juppé décida-t-il de prendre le taureau par les cornes. Le 24 janvier 1997, il faisait voter à une majorité hésitante la création de la prestation spéciale dépendance. Fondée sur la grille Aggir, la distribution de la PSD était confiée aux communes. Fin 2001, soit quatre ans après son introduction, elle touchait moins de 150 000 personnes. Un échec lamentable. Où était l'erreur ? D'abord, certaines communes avaient traîné des pieds pour la rendre accessible. Ensuite, elle n'était accordée que sous condition de ressources. On attendait néanmoins 250 000 souscripteurs. S'ils ne se sont pas manifestés, c'est en partie pour une raison patrimoniale peu avouable. Au décès du dépendant, si la succession était supérieure à 300 000 francs, la commune distributrice était en droit de récupérer les sommes versées auprès des héritiers, bref d'exercer ce que l'on appelle un « recours sur succession ». Les familles ont honteusement préféré cacher leurs grabataires plutôt que de perdre les bénéfices de la réserve héréditaire.

Jugée insuffisante, la copie du gouvernement Juppé sera corrigée par l'un des derniers textes du gouvernement Jospin. Négativement connotée, la dépendance est remplacée par son contraire, l'autonomie. Le recours sur succession disparaît. Le plafond de ressources aussi, la nouvelle allocation étant ouverte à tous, avec, on s'en doute, un ticket modérateur. À moins de 650 euros de revenus mensuels, l'allocation est entièrement à la charge de la collectivité. Mais, au-delà de quelque 3 200 euros, la participation financière du bénéficiaire est obligatoirement de 90 % d'une APA comprise entre 1 100 et 500 euros, selon le degré de dépendance et le maintien ou non à domicile. Autant dire que les détenteurs de revenus supérieurs sont invités à prendre leurs dispositions.

La montée en puissance de la nouvelle allocation sera spectaculaire. Fin 2003 en l'espace de deux ans, on comptait 790 000 bénéficiaires. Mieux, plus d'un million et demi de dossiers avaient été déposés. On avait pourtant cru comprendre que le gouvernement dénombrait 800 000 dépendants ! L'impressionnant surplus tient pour partie aux contours un peu flous du fameux « gir4 » des personnes à dépendance très partielle. Selon que sa définition est restrictive ou large, sa population varie de 260 000 à 420 000 personnes. On notera que cet écart (160 000) est cependant très sensiblement inférieur aux centaines de milliers de dossiers en surnombre. Décidément, les Français sont de redoutables chasseurs de primes ! On ne laisse pas passer une si belle occasion d'être assisté par la collectivité.

À environ 6 000 euros en moyenne par bénéficiaire et par an, l'APA représente évidemment un gouffre financier.

Son financement n'avait pas vraiment été prévu par ses généreux concepteurs. Impossible de le faire supporter par les communes. La canicule de l'été 2003 et ses quinze mille décès statistiquement imprévus vont donner l'occasion à Jean-Pierre Raffarin d'apporter une contribution originale à l'édifice de l'autonomie. En novembre, le Premier ministre se livrait à un vibrant plaidoyer en faveur de la mise en place d'un « cinquième pilier » de notre édifice de protection sociale, après la santé, la vieillesse, la famille et le chômage. Un projet de loi voté au printemps 2004 porte création de la Caisse nationale de solidarité pour l'autonomie. Pour financer la toute nouvelle CNSA, il a été prévu, comme nos voisins allemands en avaient pris l'initiative dès 1994, de supprimer un jour férié (ou sept heures de « réduction du temps de travail ») et de taxer à hauteur de 0,3 % la masse salariale des entreprises. Pour faire bonne mesure, un prélèvement social supplémentaire du même montant est opéré sur les revenus et sur les plus-values du patrimoine. Et les retraités ? Ils sont en quelque sorte dispensés de cette solidarité. Alors qu'ils sont les seuls à risquer la dépendance ! Curieuse lâcheté de la part du gouvernement. Un jour de pension de retraite en moins ne changerait pas la face du monde. Les 360 000 veuves au minimum vieillesse auraient même pu en être exonérées. Et puis n'oublions pas que les retraités sont aussi de grands épargnants. Ils mettent indéfiniment de côté pour précisément ne pas se trouver démunis s'ils doivent perdre un jour leur dépendance. N'y a-t-il pas mieux à faire ?

L'ancien notaire Frédéric Lucet, professeur de droit et président d'une société d'investissements livre une réflexion théorique fort utile. Selon lui, « contrairement à une idée bien ancrée, l'épargne et la précaution sont deux termes antinomiques. L'épargne est un acte certain. Tandis que prendre ses précautions, c'est payer pour couvrir un événement aléatoire, dont la survenance n'est justement pas certaine ». Il s'agit de la définition même de l'acte d'assurance.

S'ASSURER, UNE VRAIE SOLUTION

L'assurance-dépendance est née en France en 1985, lorsque l'institut de prévoyance AG2R, spécialiste des retraités, a lancé le contrat Saphir. Quelque vingt ans plus tard, l'AG2R occupe la première place sur son marché, mais une vingtaine de concurrents l'ont rejoint. Selon la Scor, la compagnie d'assurance dont le rôle consiste à réassurer les autres, deux millions de Français sont couverts contre la dépendance. Et notre pays serait le plus avancé au monde dans ce domaine, nos techniques étant exportées jusqu'en Corée. Même les État-Unis, traditionnellement en pointe, ne comptent que six à sept millions d'assurés, pour une population pourtant quintuple de la nôtre. Voilà qui paraît de nature à… rassurer. À y regarder de plus près, les chiffres français sont moins spectaculaires qu'il n'y paraît. D'abord, environ 700 000 salariés et fonctionnaires bénéficient déjà d'une couverture automatique, financée par leur entreprise ou par leur mutuelle. Rien ne dit qu'ils souscriront volontairement, le jour de leur départ à la retraite, un contrat individuel beaucoup plus coûteux. De plus, si d'aventure ils perdaient leur autonomie, la rente qui leur serait servie – de 150 à 230 euros/mois – est dérisoire.

Contrairement à leurs homologues américains, qui remboursent les dépenses liées à la dépendance, les assureurs français servent une rente viagère, d'un montant fixé à l'avance et qui s'éteint donc au décès. Et l'assurance-dépendance coûte cher, d'autant plus cher que l'on souscrit tardivement. Les primes sont réajustées dans le temps, mais elles sont indépendantes de l'âge. Pour bénéficier d'une rente de 1 200 euros/mois en cas de dépendance totale (ou lourde), il faut verser de l'ordre de 30 à 40 euros par mois si l'on s'assure à 50 ans, de 40 à 55 euros pour les sexagénaires, et à 70 à 85 euros pour les septuagénaires[5]. En revanche, la dépendance partielle, pourtant beaucoup plus probable, n'est généralement pas couverte. Les compagnies qui l'ajoutent, depuis peu, à leurs garanties majorent en général les primes d'un montant compris entre 50 et 100 %, selon le niveau des rentes servies.

Les assureurs ont toujours leurs petites manies. Histoire de garder la main, la plupart d'entre eux disposent de leur propre grille d'évaluation du degré de dépendance, qui se superpose à la grille Aggir. Il s'agit en l'occurrence de grilles dites AVQ ou actes de la vie quotidienne[6], sous-entendu que la personne ne peut pas accomplir. La grille AVQ représente évidemment pour les assureurs un moyen de contester le degré de dépendance revendiqué par l'assuré. Une seule compagnie a fondé son barème sur la grille Aggir, c'est l'institut de prévoyance Pro-BTP, qui l'a inventée ! Autres particularismes, il est impossible de s'assurer au-delà de 65 ans, les rentes sont revalorisées selon un indice du type « prix de détail » ou « point de retraite-cadre », un délai de carence d'un an est généralement exigé et, en cas de démence ou d'affection neurologique, ce délai est porté à trois ans. Bref, le client doit se conformer à un moule. Selon une récente étude réalisée par les experts du site Internet consumériste *testepourvous.com*, la meilleure offre actuellement disponible sur le marché est celle du Crédit agricole. Son contrat « assurance-dépendance », au nom peu imaginatif, ne comporte pas de délai de carence (sauf démence sénile) ni de franchise. Il a pour grand mérite d'assurer une couverture dès le « gir5 » de la dépendance très limitée.

À l'heure actuelle, environ un million de Français ont souscrit une assurance dépendance à fonds perdus. L'âge moyen des souscripteurs est cependant élevé (67 ans) et la prime moyenne limitée à 50 euros/mois. Est-ce parce qu'elles ont davantage le sens des responsabilités ou qu'elles accompagnent déjà des personnes dépendantes, toujours est-il que les femmes souscrivent les deux tiers des contrats. Les assureurs proposent d'ailleurs des ristournes de 10 % pour les souscriptions conjointes. Mais sans grand enthousiasme : cette protection est difficile à vendre. Les primes étant peu élevées, les vendeurs ne s'y retrouvent pas. L'engagement peut s'avérer d'une durée exceptionnellement longue, supérieure en tout cas à trente ans sans que l'assurance joue. Et tirer les sonnettes pour annoncer au prospect qu'il peut perdre ses facultés n'est ni simple, ni stimulant.

Enfin, dans ce domaine de création récente, les assureurs ne disposent pas, comme pour le décès ou pour l'automobile, des statistiques historiques qui leur servent à tarifer les risques. Ils avancent en *terra incognita*. À ce jour, seulement quelques dizaines de milliers de rentes ont été versées. Sait-on au moins combien de temps dure une dépendance lourde, du type « gir1 » ? Les animateurs de résidences spécialisées l'estiment à plus ou moins un an, chiffre confirmé (quatorze mois en l'occurrence) chez le réassureur Scor, où l'on s'empresse d'ajouter que « tout dépend de la pathologie. Une durée de deux-trois ans n'est pas rare. L'âge d'entrée en dépendance joue aussi ».

ÉPARGNER, LA MAUVAISE RÉPONSE

Risque éloigné et peu réjouissant, primes élevées, méfiance à l'égard des assureurs, durée de dépendance courte et attente permanente d'une intervention publique, pour toutes ces raisons, l'assurance-dépendance à fonds perdus éprouve encore quelques difficultés à s'imposer. Si l'on rapporte le million d'assurés à la population en âge de se couvrir, celle des seniors de moins de 75 ans, le « taux de pénétration » du produit, pour employer le jargon du marketing, est inférieur à 7 %. La montée en puissance de l'APA pourrait d'ailleurs lui faire du tort : pourquoi s'assurer si l'on peut se reposer sur la collectivité ? À se demander si les citoyens réputés les plus lucides et responsables du pays appréhendent bien ce qui en frappera un sur trois, tout en représentant, le cas échéant, un risque imposé à leurs descendants.

« Les Français ont apporté une réponse patrimoniale à un problème assurantiel », regrette Alain Tourdjman, des Caisses d'épargne. En clair, ils rechignent à verser « à fonds perdus », comme lorsqu'ils couvrent le risque décès ou le risque automobile. La probabilité de tomber en panne à 80 ans est pourtant sensiblement plus élevée que celle de perdre la vie à 40 ans ! L'épargne accumulée est en l'occurrence censée fournir les ressources nécessaires le moment venu. À ceci près qu'en cas de perte des facultés mentales, ce qui est malheureusement fréquent, les capitaux ne sont pas disponibles avant le décès. Voilà qui n'est guère prévoyant...

Gilbert M., 83 ans et, à son actif, quarante-cinq ans de journalisme dans la presse quotidienne, fait partie des millions d'accumulateurs inquiets. Non pour lui. Sa forme physique est excellente, il lit tout ce qu'il peut trouver, il fait un peu de bénévolat et il se met au clavier de son piano au moins une heure par jour. L'angoisse étreint néanmoins Gilbert à l'idée de partir avant son épouse Solange, la mère de ses quatre enfants. Solange est dépressive depuis longtemps. Or la dépression est un terrain d'élection pour la démence sénile (un peu hâtivement baptisée « Alzheimer »). À 80 ans tout juste passés, Solange est sujette aux absences, aux oublis. Les M. n'ont pas pris d'assurance dépendance. Il est désormais trop tard pour souscrire. « Alors je mets beaucoup d'argent de côté, pour le cas où », reconnaît Gilbert, conscient du fait qu'il aurait pu faire autrement. Croyant, il est convaincu notamment de « l'existence de deux cercles, ceux qui vivent normalement et ceux qui ne s'en sortent pas. Les premiers doivent aider les seconds ». Gilbert donne donc aux causes. À sa famille aussi. En 1998, il a transmis à ses enfants la nue-propriété d'un appartement reçu en héritage et il a fait une donation particulière (en avance d'hoirie) à l'une ses filles, dans le besoin. Son épouse et lui resteront locataires jusqu'à la fin de leurs jours. Ils vivent simplement, puisque leurs dépenses courantes ne dépassent pas 1 600 euros/mois. Auxquels il faut ajouter les 2300 euros de leurs loyers – « mon appartement de 160 mètres carrés, c'est mon luxe », admet Gilbert. Au total, une fois payés les impôts, le budget des M. se monte à 5400 euros. Or sa seule retraite s'élève à 6000 euros. Auxquels il faut ajouter les 1750 euros de loyers (fortement imposés) et 250 euros de revenus divers. Toutes ces sommes sont aussitôt mises de côté. Les M. épargnent 30 % de leurs revenus. Et comme ils ont toujours procédé ainsi, leur patrimoine total atteint, appartement loué compris, 730000 euros.

Un beau succès. Le seuil de l'ISF serait franchi s'ils ne minoraient pas un peu la valeur de l'appartement dont ils ont hérité. Pourquoi ne pas en donner l'usufruit aux enfants ? Les loyers étant aujourd'hui épargnés, les M. ne se priveraient de rien. Avec les 50 000 euros que Gilbert détient sur ses livrets d'épargne bourrés à craquer, plus la transformation éventuelle du plan d'épargne populaire de Solange en rente viagère défiscalisée, ils ont largement de quoi financer, le moment venu, les années de dépendance légère qui l'attendent probablement. Le coût de cette dépendance est de l'ordre de 1 000 à 1 500 euros/mois. Quant à la dépendance lourde (et donc coûteuse) qui pourrait suivre, rappelons qu'elle ne dure pas longtemps. Mais que Gilbert glisse demain sur le sol de sa cuisine et c'est la catastrophe.

S'ASSURER ET ÉPARGNER, LE COMPROMIS

Observant que les Français hésitaient à financer la dépendance à fonds perdus, les assureurs leur ont confectionné des contrats d'épargne, c'est-à-dire d'assurance-vie couvrant aussi ce risque. Avantage : en cas d'autonomie le jour du décès, les héritiers récupèrent les capitaux. Environ 250 000 particuliers ont souscrit des contrats d'assurance-vie d'un genre un peu spécial. Les premiers étaient tout simplement assortis d'une option spécifique dépendance. Si celle-ci survient, les capitaux sont transformés en super-rente viagère, dont le montant est fonction de la durée de la dépendance. Ces contrats fonctionnent en général uniquement en cas de dépendance lourde. Et puis, le capital est consommé. Cette approche n'a pas convaincu. Il fallait trouver autre chose. Partant du principe que c'est dans les vieux pots que l'on fait les meilleures soupes, les assureurs ont remis au goût du jour des contrats panachant deux objectifs, en l'occurrence la dépendance et l'épargne. Comme ils avaient naguère panaché le décès et l'épargne dans les contrats dits « mixtes » dont les Français ne veulent plus. Ont-ils perdu la mémoire, toujours est-il qu'ils ont fait un bon accueil à l'offre lancée par la Maaf, qui masque habilement le coût direct de la dépendance en ne le faisant pas explicitement apparaître dans la prime. L'AG2R, pourtant grand promoteur de l'assurance à fonds perdus, vient de déposer les armes en proposant, au printemps de 2004 et en association avec la Maaf, une gamme de « trois nouvelles formules qui garantissent une protection financière sans être dépendant en bénéficiant d'un questionnaire de santé allégé ». Ces contrats s'adressent à toute personne âgée de 35 à 77 ans. L'AG2R élargit donc salutairement le marché.

Ce que peut faire l'État

Que l'approche retenue soit à fonds perdus ou par épargne, la perte d'autonomie mérite mieux, en effet, qu'un million trois cent mille personnes couvertes. Et si l'on encourageait un peu plus les seniors dans cette voie ? Ils en ont les moyens, il leur manque l'appétit. En l'occurrence, la demande peut être stimulée de deux manières. L'une est coercitive, l'autre incitative. En 1994, lorsque nos voisins allemands, en bons héritiers d'Otto von Bismarck, le père de toutes les « sécu » du monde, ont introduit l'autonomie comme cinquième pilier de la protection sociale, ils ont inventé trois sources de financement : d'abord, tous les salariés ont renoncé à un jour férié (on voit d'où M. Raffarin tient son inspiration récente…), ensuite les entreprises ont acquitté un prélèvement supplémentaire de 1,7 % sur les salaires, enfin, les 10 % d'Allemands les plus riches ont été invités à choisir entre l'adhésion à une caisse publique servant le moment venu une allocation de base et la souscription d'une assurance privée individuelle obligatoire. En 2000, plus de huit millions d'Allemands étaient porteurs d'une telle assurance. Et, comme elle ne couvre pas toutes les dépenses, cinq cent mille personnes ont opté pour des complémentaires. Même si le système allemand n'est pas sans défaut (il s'est trouvé en situation précaire le jour même où le gouvernement français annonçait lui emboîter le pas), cette initiative mérite d'être méditée.

Les Français préfèrent de beaucoup les incitations aux contraintes. Aussi la manière la plus efficace de donner une impulsion définitive (et salutaire) à l'assurance dépendance consiste à assortir les primes, qui bénéficient déjà de l'exonération de la taxe d'assurances, d'un avantage fiscal personnalisé. Les seniors notamment ne résistent pas à un cadeau leur permettant de minorer la dernière ligne de leur avis d'imposition. Le sénateur alsacien Alain Vasselle l'a bien compris. Le 13 janvier 2004, il a déposé une proposition de loi tendant à encourager le développement d'un dispositif assuranciel privé. En dessous de 1 070 euros pour un célibataire, le double pour un couple marié, les primes bénéficieraient d'une réduction d'impôt d'un montant non précisé. De plus, en entreprise, les cotisations aux assurances de ce type seraient exonérées de… cotisations sociales.

Ce texte n'a pas retenu pour le moment l'attention du gouvernement. Il mérite cependant débat. Lorsque l'on sait que, ces dernières années, des niches fiscales ont été créées pour les artisans-pêcheurs ou pour les propriétaires de forêts, on imagine que l'autonomie est un objectif suffisamment important pour bénéficier d'une égale considération. Les travailleurs non salariés n'ont pour leur part aucune raison de ne pas se couvrir : la loi Madelin de 1994 leur permet en effet de déduire de telles cotisations de leur base imposable. Ce cadeau fiscal est à saisir de toute urgence.

Prévoir la dépendance ne résout pas totalement le problème des ravages de l'âge. Il reste la perspective angoissante de la maladie d'Alzheimer. En 2000, le rapport d'un groupe de travail présidé par le conseiller d'État Jean-

François Girard estimait à 500 000 le nombre de Français atteints de démence, dont 250 000 à 350 000 relevaient de cette « dégénérescence neurofibrillaire » découverte il y a cent ans par le médecin de Tübingen qui lui a donné son nom. Et dont le dépistage est encore insuffisant, ce qui incite à penser que le mal est encore incomplètement cerné[7]. Selon le rapport Girard, cette population augmenterait de 100 000 personnes par an dont les deux tiers ont plus de 79 ans. Et puis, le mal serait de surcroît, héréditaire…

Ce sujet douloureux est cependant victime d'un amalgame. La plupart des personnes dites, vulgairement « alzheimerisées » relèvent en fait de la démence sénile, une dégradation neurologique propre au grand âge (à partir de 85 ans), aux causes multiples, notamment cardiovasculaires, et couverte par l'Allocation personnalisée à l'autonomie, ainsi que par les éventuelles assurances complémentaires. On est donc renvoyé au problème précédent. N'est pas prévu en revanche le cas de la quinquagénaire ou du sexagénaire qui perd la tête et qui doit donc être suivi quasiment pas à pas alors qu'il accomplit (presque toujours) bien les principaux actes de la vie courante. Ce pourrait être le cas d'environ 250 000 personnes. Que faire outre un dépistage précoce rendu désormais possible par les techniques de résonance magnétique nucléaire, malheureusement difficiles d'accès ?

Sans même tenir compte de l'admirable patience et dévouement que les familles consacrent à l'accompagnement de leurs malades, le coût de l'Alzheimer précoce peut s'avérer d'autant plus lourd que, contrairement aux situations de dépendance classique, le mal peut durer de très longues années sans subir d'évolution notoire. Pendant ce temps, les relations se tendent, puis se dégradent au sein de la famille, totalement déroutée par le malade. Une aide extérieure finit par s'imposer. Et le coût d'une garde vingt-quatre heures sur vingt-quatre atteint 4 500 euros par mois. Comment financer un tel risque que les compagnies d'assurances sont incapables de tarifer ?

UNE ASSOCIATION POUR LA SOLIDARITÉ FAMILIALE

Il y a une dizaine d'années, une belle idée est née dans le cerveau fécond d'un consultant iconoclaste, Armand Braun, l'animateur de la Société internationale des conseillers de synthèse. Pour cet observateur attentif de l'économie française « la sécurité financière des familles est en danger ». Elle était assurée avant-hier par la propriété terrienne. Elle l'est désormais par le travail salarial et par les systèmes de protection collective. Mais qu'en sera-t-il demain ? Le salariat a du plomb dans l'aile. Et la « Sécu » est à bout de souffle. Reste la famille, mais pour combien de temps ? Avec l'aide d'une poignée d'amis enthousiastes, M. Braun jette en 1995 les bases de l'Association de solidarité familiale.

Les trois mots sont signifiants : une association est une structure légère et souple, adaptée à notre époque ; la solidarité est la condition nécessaire au maintien de la cohésion sociale ; la famille, enfin, est la seule structure, tous les sondages le prouvent, résistant encore au raz-de-marée individualiste qui déferle sur le monde développé. Que faire de ces trois vocables ? Un outil simple et efficace.

L'ASF se présente comme une cagnotte, alimentée par les cotisations de ses membres. Y adhérent et cotisent, selon une grille à déterminer, les générations successives d'une même lignée, ce qui paraît bienvenu à une époque où de grands aînés vont être de plus en plus nombreux à se pencher sur les berceaux de leurs arrière-arrière-petits-enfants. Le produit de la cagnotte est ensuite géré par une banque, selon les instructions du bureau de l'ASF. Grâce au statut associatif, les dividendes touchés, comme les plus-values réalisées, bénéficient d'une fiscalité réduite. Mais la clé du dispositif tient à la formulation de l'article 2 de ses statuts, celui qui est consacré à son objet social. Puisqu'il s'agit de solidarité, on imagine volontiers que l'ASF intervienne à l'occasion des coups durs de la vie de ses membres. Comme le chômage des jeunes, le divorce des quadras ou, précisément, l'Alzheimer des vieux. Toutes les occasions de faire jouer la solidarité familiale sont évidemment les bienvenues. Même les opportunités positives, comme la création d'une entreprise. Évidemment, certains membres de l'association auront, à terme, cotisé à fonds perdus. Mais n'est-ce pas le principe même de la mutualisation des risques, de la couverture d'un événement aléatoire ? Et puis, il faudra sans doute prévoir que les sommes soient versées de manière temporaire et à hauteur d'un plafond. Autrement, le fisc pourrait considérer qu'il s'agit d'une donation déguisée. Au moins l'argent de la cagnotte aura-t-il servi à des membres de la famille. Il s'agit donc non seulement d'un formidable outil de consolidation des liens familiaux, mais d'un complément bienvenu à la solidarité nationale, au moment où les caisses sont exsangues.

C'est précisément sur le bon usage de la solidarité que bute l'ASF. Tout en rappelant que sa patience est « infinie », Armand Braun observe que « notre système de protection sociale a un caractère monopolistique. Ceux qui le gèrent sont tétanisés à l'idée qu'il puisse y avoir une alternative de caractère familial ». Et de poursuivre : « Les concepteurs de la protection sociale ont voulu implicitement épurer la famille des liens d'argent. Or ce sont précisément de tels liens qui peuvent permettre de redéfinir la famille avec les solidarités correspondant à notre époque. » Autant pour les principes.

Dans la pratique, en France, pour qu'un concept devienne réalité, il lui faut d'abord une existence légale. Et dès qu'il s'agit de capitaux ou d'épargne, un encouragement fiscal est une condition nécessaire à la prise de conscience par la communauté financière de son utilité pour la Nation. En dépit de la rédaction minutieuse, article par article, de l'esquisse d'une loi, l'ASF n'a pas encore trouvé le ministre susceptible de la porter sur les fonts baptismaux. De la curiosité certes, mais d'initiative, point. Dommage. D'autant plus qu'on voit parfaitement bien quel avantage fiscal pourrait lui être consenti.

Depuis le vote de la loi de Finances pour 2004, les particuliers peuvent bénéficier d'une réduction d'impôt de 60 % (un véritable record du monde) pour les dons effectués aux associations reconnues d'utilité publique ou d'intérêt général. Cette réduction est en outre autorisée à hauteur de 20 % du revenu imposable. Il suffirait de l'étendre à l'ASF, reconnue *de facto* comme étant au moins d'« intérêt général », ce qui est précisément le cas. Les cotisations étant subventionnées par le fisc, les versements supporteraient évidemment l'impôt et la CSG. L'État s'y retrouverait donc en partie. Il contrôlerait en outre scrupuleusement la gestion de ces associations d'un genre nouveau. Tandis que les banques, notamment celles qui affichent, comme les Caisses d'épargne, une forte affinité pour les familles, se précipiteraient pour monter des ASF. Il reste à savoir si les familles joueraient le jeu. On ose espérer que oui. L'hypothèse inverse prouverait en effet que nos contemporains font bien peu cas de la solidarité familiale. À moins, bien sûr, qu'ils ne considèrent qu'ils ont déjà donné.

Est-ce bien le cas ? La générosité peut emprunter plusieurs chemins, passant par les dons (aux œuvres), mais aussi par les donations « entre vivants », comme le disent les notaires, ainsi que, de manière plus discrète, par ce que les économistes qualifient de « transferts intergénérations ». Ces différents circuits brassent effectivement des dizaines de milliards d'euros tous les ans. Les Français et notamment les aînés, doivent-ils être considérés pour autant comme altruistes ? À y regarder de plus près, ils pratiquent, lorsque l'initiative leur en est laissée, une générosité plutôt limitée.

-5-

GÉNÉROSITÉ LIMITÉE

SCÈNE DE LA VIE DE FAMILLE. Veuve depuis des lustres d'un époux général commandant de corps d'armée, Geneviève de J., bon pied bon œil malgré ses quatre-vingt-sept printemps, vient de fêter Noël entourée de ses quatre enfants, de leurs époux – on ne divorce pas chez les J. – et de ses douze petits-enfants âgés de 20 à… 40 ans. Certains étant déjà mariés, une ribambelle de neuf gamins, dont le plus jeune suce encore son pouce, gambade dans les 300 mètres carrés du dix-pièces cossu de la vieille dame. Ainsi, quatre générations se sont-elles retrouvées autour du traditionnel sapin richement décoré pour la circonstance. Geneviève n'a pas failli à sa réputation de générosité. Chacun de ses enfants a été gratifié cette année d'un bijou de famille, un objet discret s'il en est, tandis que les petits-enfants ont reçu des chèques de 1 500 euros, leurs propres enfants trouvant, glissé dans leur carte de vœux, un billet de 50 euros tout neuf.

On se quittera dans les rires et la bonne humeur. Le contraire eût étonné… La réunion de famille a tout de même coûté au patrimoine de Geneviève la bagatelle de 25 000 euros. Auxquels il faudrait ajouter, comme chaque année, les séjours passés par la famille dans sa villa du Cap Ferret, le voyage de Pâques à Rome offert à deux arrière-petits-enfants, le coup de pouce donné aux parents à la rentrée scolaire, les anniversaires, les dons aux œuvres, le denier du culte et les pièces régulièrement glissées au clochard qui passe des nuits froides au pied de son immeuble.

Geneviève fait partie des millions de Français qui donnent. À leur progéniture, comme aux causes, qu'elles soient d'utilité publique, d'intérêt général ou tout simplement des causes. Les trois quarts d'entre eux ont franchi le cap de la cinquantaine, le plus souvent, comme elle, depuis fort longtemps. Sans leur apport, en argent, mais aussi en temps, nombre de leurs descendants ne joindraient pas les deux bouts. Cette « solidarité intergénérations » d'un genre un peu particulier (le terme désignant d'habitude ce que les jeunes versent aux plus âgés) représente à n'en pas douter un facteur de cohésion sociale. Est-ce en revanche une démonstration d'altruisme ? Oui, sans doute. Le comportement de Geneviève en témoigne. En apparence tout du moins. Ses enfants le devinent plus qu'ils ne le savent : du fait de la bravoure de son défunt époux, leur aïeule dispose depuis de longues années d'une pension de reversion plus que confortable. Elle est en effet de 132 000 euros par an (sic !). Les divers placements dont elle a conservé l'usufruit (et notamment les trois studios loués, ainsi que son coquet portefeuille de valeurs mobilières), en rapportent 50 000 de plus. Sans parler de la revalorisation régulière de son contrat d'assurance-vie, ni des 58 000 euros placés sur ses livrets. Or, à 87 ans, les dépenses mensuelles personnelles de la vieille dame ne dépassent guère 1 200 euros, auxquels il faut tout de même ajouter une somme équivalente pour sa fidèle cameriste, ainsi que 1 000 euros supplémentaires de charges sur son appartement bordelais, 2 300 euros pour le gardiennage de sa villa et surtout, malgré la munificence de ses dons, pourtant fiscalement avantagés, 55 000 euros d'impôts et de CSG. Il n'empêche qu'en fin d'année, Geneviève dispose encore de 37 000 euros d'excédent. De quoi relativiser ses largesses. Dès la deuxième quinzaine du mois de janvier, son banquier le lui rappelle d'ailleurs, avec une insistance de plantigrade, qu'elle s'est encore enrichie. Quel raseur !

QUAND LE FISC SUBVENTIONNE

Quand on examine les flux financiers des seniors vers leurs descendants ou vers le monde associatif, c'est-à-dire leur capacité effective de don, les montants ont l'air de parler d'eux-mêmes. Ils ne manquent pas en tout cas d'être salués par les observateurs, par la presse ou par les… bénéficiaires. Il serait inconvenant, en effet, de cracher dans la soupe. Et puis, il ne faudrait surtout pas que la source se tarisse. Un regard un peu moins innocent sur les largesses de nos concitoyens tempère les enthousiasmes. Et remet les choses à leur juste place. Un simple chiffre ne suffit pas. Au risque de passer pour un vulgaire comptable, il convient de rapporter les montants donnés aux stocks disponibles. On mesure mieux ainsi ce qu'il en coûte réellement aux donateurs. Cette méthode est applicable aussi bien aux dons, aux œuvres, aux transferts intergénérations, qu'aux donations entre vivants. Et les résultats sont plutôt surprenants.

Prenons par exemple les sommes versées aux associations. La Fondation de France est omnisciente sur le sujet. Elle a non seulement financé depuis 1996 un sondage quasi-annuel effectué par TNS-Sofrès, mais ses experts ont patiemment reconstitué le flot effectif de dons, en étroite collaboration avec la direction générale des impôts. Cette complicité ne doit rien au hasard. Dans le domaine de la charité publique, la France offre en effet aujourd'hui un dispositif fiscal particulièrement incitatif. Même s'il a aussi pour objectif d'établir un financement sain des partis politique et des syndicats, il est suffisamment exemplaire pour qu'on l'applaudisse ! Et pour que ses auteurs, comme ses bénéficiaires, en fassent la promotion.

En deux mots, depuis la loi Aillagon sur les fondations du mois d'août 2003, confirmée par la loi de Finances pour 2004, tout contribuable peut donner à des causes, reconnues d'utilité publique ou d'intérêt général, jusqu'à 20 % de son revenu imposable, avec l'assurance de bénéficier d'une réduction d'impôt de 60 %[1]. L'année précédente, la réduction n'était que de 50 % et le plafond de revenus de 10 %. Il peut aussi donner jusqu'à 422 euros aux Restos du Cœur, comme aux autres œuvres à caractère social, avec une réduction spécifique de 66 %.

Ces avantages ne sont pas récents. Depuis un certain temps déjà, le fisc participe activement aux libéralités de ses redevables. En profitent-ils ? À en croire les chiffres, le moins qu'on puisse dire est qu'ils en usent encore avec… retenue. D'abord, combien sont-ils ? Selon des statistiques minutieusement reconstituées par les experts de la Fondation de France[2], en 2001, l'« indice de générosité » rapportant le nombre de donateurs au nombre de déclarations de revenus était de 14 %. En somme, un foyer fiscal sur sept donne. Ce n'est pas spectaculaire. Surtout lorsque l'on compare ce chiffre aux 24 % de particuliers, un sur quatre, qui, en juin 2003, se disaient donateurs en argent aux enquêteurs de TNS Sofrès[3]. Selon l'INSEE, ils étaient même 35 % à affirmer avoir effectué « un ou plusieurs dons financiers » en 2002[4]. En somme, autant les instituts de sondage sous-estiment traditionnellement le vote Le Pen, autant ils ont l'air de surestimer le nombre de Français généreux !

DONATEURS-FANTÔMES

Quelle part de leurs dépenses nos concitoyens consacrent-ils à cette activité ? Le revenu disponible des ménages français est de l'ordre de 1 000 milliards d'euros. Selon les experts de la Fondation de France, en 2002, les Français ont déclaré aux services fiscaux environ 1,1 milliard d'euros de dons, soit tout de même 50 % de plus qu'en 1993[5]. Cette progression doit être relativisée. D'abord, entre-temps, les prix de détail ont augmenté de 25 %. Mais surtout, la réduction d'impôt a été fortement revalorisée. Ce qui fait écrire à la Fondation : « L'essentiel de l'augmentation des dons constaté à partir de 1996 est à la charge de l'État. » Les pouvoirs publics plus généreux que les contribuables : on aura tout vu !

Cette observation mérite d'être nuancée. Car, autant leur générosité permet-elle à 300 000 donateurs astucieux d'échapper à l'impôt, autant un nombre non identifié fait preuve d'une discrétion aussi exemplaire que leur sens civique. Ils ne récupèrent pas la réduction d'impôt à laquelle ils ont droit ! Le phénomène est suffisamment insolite pour être signalé. Environ 200 millions d'euros de dons proviennent de cette source. S'y ajoutent quelque 350 millions versés de la main à la main, notamment par les contribuables non imposables. Au total, en comptant très large, la Fondation de France estime que le montant annuel des dons est inférieur à 2 milliards d'euros. Il ne dépasse donc pas deux pour mille, 0, 2 % des revenus des ménages français (contre 1,2 % de ceux des canadiens). Rapporté à la population, chaque Français donne 33 euros par an, chaque Australien 170, chaque Suédois 280 et chaque Américain entre... 660 et 990, selon les sources. En somme, en dépit des records de collecte battus année après année par les animateurs du Téléthon, nous pouvons mieux faire dans ce domaine sensible. Selon une enquête par sondage menée en France, en Allemagne et au Royaume-Uni pour le compte de la Fondation de France[6], moins d'un Français sur deux (47 %, pour être précis) donne régulièrement aux associations caritatives de l'argent, des vêtements ou de la nourriture, contre 51 % des Allemands et 67 % des Britanniques. Quel que soit le pays (et en se souvenant du biais déclaratif), ce sont les femmes âgées et à statut social élevé qui sont les plus généreuses.

CARTON JAUNE POUR LES *PAPYBOOMERS*

Par ce biais, les seniors reviennent dans le paysage. En force, d'ailleurs. Les deux tiers du total des dons et les trois quarts de ceux qui sont déclarés au fisc sortent de la poche des plus de 50 ans. Lorsque la Fondation de France calcule son « indice de générosité » par tranche d'âge, les 60-69 ans ressortent comme le groupe le plus actif de tous. À partir de 70 ans, la proportion de donateurs baisse, tout en restant sensiblement supérieure à la moyenne. Mais le don moyen augmente. Entre 1997 et 2002, le montant cumulé des dons effectués par les Français âgés de plus de 70 ans a représenté 38 % du total et pratiquement le double de ce qu'ont donné les 60-69 ans. Rapporté à la population, les plus de 70 ans ont donné en moyenne 288 euros par an, soit le double des 30-39 ans et un tiers de plus que les 60-69 ans.

On serait plus fier de la générosité de nos concitoyens si sa mise rapport avec leurs ressources (et sans doute aussi avec leurs besoins) n'en affaiblissait pas cruellement la portée. À 0,2 % du revenu, elle se situe même très loin de la « dîme » (le dixième de ce revenu) naguère prélevée par les paroisses catholiques, protestantes ou juives. Il est vrai qu'entre-temps, et surtout depuis un siècle environ, l'État s'est arrogé une sorte de monopole de la générosité collective, en multipliant tout en augmentant ce qu'il est convenu d'appeler les prélèvements obligatoires tirés de la richesse générée par les particuliers et par les entreprises. Ces sommes, qui servent à la fois à financer les « consommations collectives », comme l'école ou la sécurité et le rééquilibrage des ressources au profit des plus démunis, représentent près de la moitié de la richesse nationale. En dépit de leurs réelles vertus redistributrices, leur pression sur les revenus des ménages est à l'évidence un frein à la générosité spontanée. Dans la mesure où l'État pourvoit, il offre aussi un alibi commode au refus de donner. « Avec ce que me prend le fisc, il ne faut pas compter sur moi pour en rajouter » est une antienne bien connue...

Ce blocage est sans doute dans l'air du temps. Se livrant à une exploitation originale des enquêtes « budget de famille » de l'INSEE, le BIPE observait en janvier 2004 qu'« à partir de la génération mai 68, (celle des *baby* devenus *papyboomers*), il apparaît une rupture nette du taux de ménages donateurs aux œuvres »[7]. La déspiritualisation et l'hédonisme caractéristiques de cette génération expliqueraient un phénomène inquiétant, confirmé par les intuitions des animateurs de la Fondation de France, mais dont il est encore trop tôt pour savoir s'il est irréversible. Après tout, les hédonistes d'aujourd'hui peuvent être un jour saisis par le virus du partage.

ENTRAIDE FAMILIALE

Charité bien ordonnée commence par soi-même, nous dit le proverbe. Ce qui n'est pas versé par chèque aux associations peut être commodément glissé dans la poche d'un enfant ou dans le porte-monnaie de sa mère. L'aide accordée à ses parents ou à ses enfants, en temps comme en argent, relève du domaine des « transferts intergénérations », le terrain d'élection de Claudine Attias-Donfut, ex-directrice des études à la Caisse nationale d'assurance vieillesse. La CNAV, qui sert la pension de retraite de base aux salariés du secteur privé, se préoccupe de longue date du « prix » de la dépendance de fin de vie, notamment pour les « parents d'âge intermédiaire sollicités simultanément par leurs ascendants en perte d'autonomie et par leurs descendants en quête d'autonomie ». C'est dans cet esprit que madame Attias-Donfut met en chantier, en 1993, une enquête tout à fait originale[8] reposant sur l'exploration des relations entre trois générations, l'une composée de « vieux », âgés de 68 à 92 ans (le terme n'a pas embarrassé les auteurs de l'étude), une autre de « jeunes » de moins de 36 ans, la troisième – et la plus importante sur le plan stratégique – jouant le rôle de « pivot ». Y figurent en l'occurrence les parents-qui-sont-aussi-des-enfants. Les enquêteurs imaginent bien volontiers l'aide apportée par les adultes à leurs parents âgés (et réputés dans le besoin). Ils vont découvrir, à leur grande surprise, un faisceau complexe et dense de relations croisées. Plus d'un jeune sur deux donne de son temps à ses parents et à ses grands-parents. Mais sa contribution financière, c'est bien normal, est quasiment nulle. Chez les quinquagénaires de la génération pivot, pratiquement tous les parents aident financièrement leurs enfants, notamment à devenir propriétaires, et les deux tiers leur rendent des services, comme le nettoyage du linge ou le prêt de la voiture. Cette même génération ne fuit pas ses responsabilités d'enfant reconnaissant. Dans neuf cas sur dix, les géniteurs âgés bénéficient de son assistance (pour remplir les papiers ou pour faire les courses). En revanche, moins d'un ménage pivot sur dix leur apporte une aide financière. Sans doute l'autonomie revendiquée par les vieux rend-elle l'opération délicate, voire inutile.

Et eux, que font-ils ? Un sur deux rend de menus services à ses enfants, comme le nettoyage du linge ou, plus surprenant, le ménage. Et quatre sur dix aident leurs petits-enfants, le plus souvent en gardant leurs arrière-petits-enfants. Sur le plan financier, un tiers d'entre eux donne à ses enfants et un tiers aussi à ses petits-enfants. Il est peu vraisemblable que ces deux populations se recoupent. L'expérience montre en effet que, bien souvent, la générosité saute une génération. On se sent d'autant plus en harmonie avec les petits-enfants que, contrairement à leurs parents, ils ne manifestent aucun droit sur son héritage. Autre découverte des enquêteurs de la CNAV : « Ceux qui offrent de l'argent sont aussi plus nombreux à offrir des services, que les destinataires soient les pivots ou les jeunes. » Cet intéressant constat est aussi valable pour la génération-pivot comme pour les jeunes. La générosité est un état d'esprit. Il ne touche pas tout le monde. À ceci près qu'à en juger par des sondages récents, comme ceux de l'*Observatoire Caisses d'épargne 2004* et de Senior Attitudes, le nombre de donneurs dépasserait les 60 %, soit le double des pourcentages observés il y a dix ans. Étant déclaratives, ces proportions élogieuses sont sans doute surestimées. Elles justifieraient tout de même une nouvelle enquête en profondeur sur le montant des transferts.

Les travaux de l'équipe Attias-Donfut avaient été validés par les experts de l'INSEE dans le cadre d'une étude publiée en 1996[9], à partir de la vaste enquête « budget de famille » de l'année précédente. On situait alors à 135 milliards de francs, soit environ 20 milliards d'euros les montants redistribués. Les trois quarts de cette somme, soit 15 milliards d'euros, sont fournis sous forme monétaire (des chèques, des espèces), et le dernier quart en nature, comme le paiement d'un loyer. Au total, en 1995, l'aide entre les ménages était équivalente à 3 % environ de leurs revenus.

Comment situer les seniors par rapport à la moyenne ? D'abord, 90 % des 15 milliards versés sous forme monétaire vont des ascendants vers les descendants. La solidarité familiale est donc plutôt à sens unique. Seconde observation : la génération-pivot fournit l'essentiel de l'effort puisqu'elle donne à ses enfants trois à quatre fois plus qu'elle ne reçoit de ses parents. L'année où l'enfant quitte le nid familial, il empoche, en moyenne bien sûr, 2 500 euros. Un utile viatique. Troisième constat, la générosité familiale atteint des sommets à deux moments de l'existence : aux environs de la cinquantaine, puis vers… 80 ans.

L'INSEE a en effet eu la curiosité de voir comment les deux formes d'aide (monétaire et en nature) évoluaient avec l'âge. Au cours de la soixantaine, on donne moins qu'avant, puis le courant reprend de l'ampleur après 70 ans, pour atteindre un sommet absolu au-delà de 80 ans. Il ne faut donc pas désespérer de mamie ! Les plus de 80 ans donneraient à leur famille et à leurs proches environ 12 % de leurs revenus, soit quatre fois plus que le ménage français moyen. En voilà du partage ! Ce chiffre paraît cependant contradictoire avec le repli sur soi observé par ailleurs au-delà d'un certain âge. N'oublions cependant pas que le taux d'épargne des octogénaires dépasse les 20 %, ceci relativisant cela. Et puis, les chercheurs de l'INSEE, manifestement étonnés du résultat, ajoutent que « cette générosité semble davantage liée au patrimoine qu'aux revenus : à revenu égal, une personne âgée donne d'autant plus que le montant de son patrimoine est élevé ».

Autre découverte, faite en l'occurrence par Claudine Attias-Donfut : les dons ne sont pas proportionnels aux revenus. La probabilité estimée de verser un don à ses enfants ou à ses petits-enfants commence par progresser avec le revenu des donateurs, puis elle atteint un plafond et commence à baisser au-delà d'un revenu mensuel que l'auteur situait, en 1994, à 20 000 francs (3 000 euros)[10].

DES DONS AVEC RÉSERVE

Les dons occasionnels n'ont évidemment pas le même impact financier que les donations entre vivants, qu'elles passent ou non par un acte notarié. Nous pénétrons alors dans le domaine de la « transmission entre vifs ». Alors même que peu de contribuables en acquittent, les droits de succession, sont, comme tous les sondages le montrent, l'impôt le moins bien toléré. D'une enquête effectuée en 1998 pour le compte des magazines patrimoniaux de quatre pays européens[11], dont *Mieux Vivre Votre Argent* en France, il ressortait que neuf Français et neuf Italiens sur dix rejetaient cet impôt, que le gouvernement de Silvio Berlusconi a d'ailleurs supprimé à l'occasion de la vaste amnistie fiscale orchestrée en 2003. En France, l'inverse s'était produit en 1984, lorsque le gouvernement de Pierre Mauroy a ajouté quatre tranches supplémentaires à un barème de droits déjà rapidement progressif. Les transmissions en ligne directe peuvent en effet être taxées jusqu'à 40 %, contre 20 % avant l'arrivée de la gauche au pouvoir en 1981. Aucun gouvernement de droite n'a jamais osé supprimer une mesure visiblement confiscatoire et, toujours à en juger par les sondages, très impopulaire.

Un niveau élevé de droits de succession présente cependant pour avantage, si l'on ose employer ce terme, d'inciter à la transmission par anticipation, histoire d'économiser des impôts. Est-ce le cas ? Conscients que leur ardeur égalitaire risquait de geler les fortunes, les socialistes corrigeront le tir de 1984 sous le gouvernement de Michel Rocard. Depuis 1992, tous les dix ans, la donation, par chaque parent à chaque enfant, de 300 000 francs (devenus 46 000 euros) est autorisée en franchise de droits. Cette franchise s'ajoute à l'abattement traditionnellement accordé aux donations-partages effectuées avant un certain âge (généralement 75 ans).

Quels ont été les résultats de ce dispositif fortement incitatif ? Encourageants, mais moins spectaculaires que l'on pourrait le croire ou qu'on aurait pu l'espérer, comme tous les notaires le confirment très spontanément. Commentaire de l'un d'eux, auquel ses confrères pourraient souscrire : « S'agissant des donations partage ou des donations simples à leurs enfants, les parents tiennent le plus souvent à rester dans les limites du plafond. Et puis, ils donnent avec des élastiques, comme le refus de vendre ou le retour du bien au donateur en cas de décès du donataire. Enfin, le démembrement de propriété est très pratiqué. On donne la nue-propriété et on se garde l'usufruit. » En somme, rares sont les parents qui appliquent *stricto sensu* la règle selon laquelle ce qui est donné est donné. Leur serait-il à ce point difficile de se déposséder ?

Alain, comte de P.-P., 76 printemps et le même poids qu'à 20 ans, a ainsi donné la nue-propriété de son ravissant château des Deux-Sèvres à ses six enfants. Comme par hasard, le bien était estimé (ou plutôt sous-estimé) au plafond d'exonération de six fois 46000 euros, soit 276000 euros. Maintenant, quand sa fille aînée Ségolène vient lui rendre visite et lui demande, quasiment par réflexe, si elle peut utiliser le téléphone, son père lui répond, agacé : « Ridicule, ma fille. Tu es désormais chez toi ! » Il n'empêche : Ségolène ne dispose toujours pas d'un jeu de clés de « sa » propriété.

Donner la nue-propriété revient à ne rien donner, car le bénéficiaire ne peut ni tirer des revenus ni disposer de son actif. Il est piégé par l'usufruitier. En définitive, son seul avantage est d'économiser des droits de succession. Depuis quarante-cinq ans, Marthe J., qui en compte 96, est usufruitière de tous les biens de son défunt mari. Aujourd'hui, elle vit seule, avec ses deux employés de maison, dans son superbe et vaste appartement parisien. Il ne lui viendrait pas à l'idée de partager sa fortune avec ses six enfants, dont l'aîné approche des 75 ans. Si âgé soient-ils, il n'oserait évoquer de telles trivialités avec la vieille dame.

PARTAGES PARCIMONIEUX

Les mesures Rocard ont-elles été un succès ? Très certainement dans un premier temps. Entre 1984 et 1994, le nombre annuel de donations de toute nature a augmenté de 30 % et la valeur des sommes transmises a pratiquement doublé[12]. Puis, entre 1994 et 2000, ce nombre est passé de 219 000 à 345 000, soit une hausse de 58 %. Un succès, donc ? Oui et non, car, l'année suivante, il retombait – hélas ! – à 281 000. Explication de cet effondrement : à compter du 1er juillet 2001, la réduction de droits accordée aux plus de 75 ans avait été supprimée. Le débit a aussitôt ralenti. Autant dire que les donations sont particulièrement sensibles à leur traitement fiscal (alors que les successions progressent naturellement, au rythme des décès). Commentaire un tantinet cynique d'un intermédiaire : « Ne vous faites pas d'illusion, c'est en fait le radinisme qui pousse aux dons. On est généreux dans les limites fixées par l'État. S'il n'y avait pas d'avantage fiscal, cet argent ne sortirait pas. » Le jugement est sévère, mais il est confirmé par les faits. Selon la direction générale des impôts du ministère des Finances, en 2000, huit donations partage entre enfants sur dix étaient inférieures au plafond et dans près de six donations en ligne directe sur dix, seule la nue-propriété avait été transmise. Enfin, huit fois sur dix, le donateur avait entre 50 et 75 ans[13]. « Au-delà de cet âge, la source se tarit, on ne donne plus » affirment à l'unisson les notaires.

Que représentent les donations par rapport au patrimoine des donateurs potentiels ? En somme, de quoi se privent-ils ? À notre connaissance, aucune étude n'a été consacrée à cette question pourtant fondamentale. Il est cependant possible d'effectuer une estimation en partant de l'hypothèse que les seniors représentent 97 % des dons, puis en rapportant ce qu'ils ont donné à leur patrimoine brut estimé. En 1994, par exemple, ces ménages ont transmis l'équivalent de 18 milliards d'euros à leurs descendants alors que, sur la base de calculs effectués à partir de l'enquête « actifs financiers 1995 » de l'INSEE, leur patrimoine brut de l'époque peut être estimé à 2 150 milliards. Un peu plus de 0,8 % de ce patrimoine a donc été transmis par eux cette année-là. En 2000, le montant des donations de cette même population est passé à 28 milliards, soit une forte hausse (56 %). Il ne faudrait pas se réjouir trop vite de cet exploit. En effet, dans l'intervalle, le patrimoine des donateurs potentiels avait augmenté encore plus vite (+ 65 %). Car les ménages de seniors étaient devenus à la fois plus riches et plus nombreux. Aussi, la part de leur patrimoine distribué en 2000 atteint à peine 0, 8 %.

Il faut en conclure, d'abord, que les Français se dépossèdent de leur capital avec une évidente parcimonie, ensuite, que la part transmise de leur vivant n'a pas l'air d'augmenter avec le temps. Le sujet mériterait largement une réflexion plus poussée. Il n'a pas empêché l'intrépide Nicolas Sarkozy, à peine nommé au poste prestigieux des Finances, de faire figurer, en mai 2004, parmi les mesures destinées à relancer l'économie, une rallonge de 20 000 euros en franchise d'impôts pour les donations aux enfants et aux petits-enfants… majeurs et donc réputés consommateurs. Trois mois après son octroi, cette franchise avait généré plus de 90 000 donations pour un montant de 1,6 milliard d'euros. Son objectif sur un an, – 3 milliards, soit une rallonge de 10 % des donations – sera largement dépassé. À ne pas négliger.

Certains espèrent que les donateurs profiteront des mesures Sarkozy pour effectuer des sauts de génération, en gratifiant directement leurs petits-enfants. Il ne faudrait pas trop attendre de la franchise accordée dans ce domaine depuis 1997[14]. Selon l'enquête exhaustive effectuée par la Direction générale des Impôts en 2000, cette année-là, le nombre de donations de ce type n'a pas dépassé 90 000 pour un montant de capitaux transmis inférieur à 2 milliards d'euros. En gros, les Français donnent à leurs petits-enfants autant qu'aux œuvres.

Plutôt que d'alléger la taxation des héritages, comme le prévoit la loi des Finances pour 2005, tout doit être mis en œuvre pour encourager les donations « entre vifs » comme on dit. Non seulement il s'agit, comme l'a bien compris Sarkozy, d'un moyen de mettre du charbon dans la machine, mais ce charbon est de nature à soutenir d'autant plus efficacement l'économie que son bénéficiaire-donataire est jeune. Or, les chiffres sont sans équivoque : en 2000 et en ligne directe, de parent à enfant, l'âge moyen des héritiers était de 55 ans et celui des donataires de 38 ans.

Quant aux donateurs, ils étaient quatre cents mille, pour une population potentielle de dix-neuf millions. Chaque année, deux seniors sur cent effectuent donc des donations. Ce chiffre est moins dérisoire qu'il n'y paraît.

D'abord, un nombre important de ménages n'ont pas les moyens de donner. Et puis, il faudrait, pour être exact, multiplier ce pourcentage par dix, la franchise de 46 000 euros n'étant accordée que tous les dix ans. Sur une décennie, plus d'un senior sur cinq casserait donc un tant soit peu sa tirelire. Et, en 2000, la donation moyenne atteignait tout de même un montant de 100 000 euros.

L'ÉTAT RAFLE LA MISE

Quelle que soit la manière dont on observe le phénomène, et en mesurant bien le fait que de nombreuses exceptions existent, la générosité n'est tout de même pas une caractéristique des seniors. On peut cependant espérer que ces derniers accélèrent le mouvement au cours des prochaines années. Dans l'hypothèse inverse, en effet, ils auront beaucoup travaillé pour l'État. Pendant leur vie au travers des prélèvements obligatoires et, au delà, au travers des droits de succession. En effet, si les taux d'imposition actuels sont maintenus (à un niveau prohibitif, rappelons-le), et que la fortune des Français ne s'est pas massivement délocalisée, les droits de succession vont devenir un impôt très rémunérateur. Ils ne représentaient que 3 % des recettes de l'État en 2002, mais il s'agit de l'impôt dont la progression, sur vingt ans, est la plus rapide[15], bien avant que les patrimoines des *papyboomers* ne commencent à se retrouver devant les notaires.

En 1993, Robert Avery et Michael Rendall, deux chercheurs de l'université américaine de Cornell ont fait sensation en publiant de stupéfiantes projections concernant le patrimoine que les Américains allaient laisser à leur décès. Selon leurs calculs, en dollars constants de 1989, exclusion donc faite de l'inflation, de 39 milliards en 1990, les successions allaient passer à 143 milliards en 2000, mais surtout à plus de 330 milliards par an en 2015-2020. En l'espace de cinquante ans, entre 1990 et 2040, il serait opéré ce qui passera dans l'histoire américaine comme le « transfert de dix mille milliards de dollars », un chiffre à donner le tournis et correspondant à l'ouverture des successions des *papyboomers*, les responsables de la plus forte accumulation patrimoniale de tous les temps[16]. Qu'attendent les milieux universitaires français pour effectuer de telles projections ?

L'accumulation d'une telle fortune, dont l'État sera au bout du compte le premier bénéficiaire, est-elle nécessaire ? À quoi sert-elle à ses détenteurs ? N'y a-t-il pas un regard plus moderne à porter sur l'argent ? Et si oui, quelle alternative proposer aux Français, qui protège leurs intérêts tout en libérant quelques salutaires énergies ?

-6-

Partage, mode d'emploi

« Je conseille à mes clients de vivre riches et de mourir pauvres. » La boutade provocante est lancée du fond de son bureau cossu du VIIIe arrondissement par un notaire parisien réputé imaginatif. On comprendra que l'auteur tienne à garder l'anonymat, histoire de ne pas indisposer ceux de ses clients qui ne partageraient pas son point de vue. Sa préconisation rejoint celle de Stephen M. Pollan, un conseiller financier new-yorkais, auteur en 1997 d'un *bestseller* outre-Atlantique[1]. Riche de vingt ans d'expérience et convaincu que les solutions les plus classiques ne sont pas nécessairement les meilleures, Pollan est porteur d'un quadruple message, qui forme l'ossature décapante de son ouvrage : *quit know* (démissionnez tout de suite, car vous êtes exploité) ; *pay cash* (fuyez les cartes de crédit, qui vous couleront) ; *never retire* (restez actif le plus longtemps possible) ; enfin *die broke* (mourez fauché), la préconisation qui lui a donné son titre.

Pollan donne quatre bonnes raisons d'adhérer à son programme. D'abord, selon lui (comme d'ailleurs dans l'esprit de la plupart des Américains), l'héritage n'est pas un dû. Les enfants n'acquièrent pas comme en France, une créance sur leurs parents. La nécessité de transmettre est une survivance du XIXe siècle, lorsqu'il s'agissait d'exploitations agricoles qu'il fallait maintenir dans le périmètre de la famille. Ce qui est transmis aujourd'hui, ce sont pour l'essentiel soit des titres, soit des biens immatériels. Rien n'interdit de leur faire « sauter une génération » (surtout, ajoutons-le, lorsque la première est déjà à la retraite, à l'abri du besoin, comme le cas en est de plus en plus fréquent). Seconde objection : est-on certain de l'abondance de la manne à venir ? Après tout, certains économistes, comme le Français Patrick Artus, de la Caisse des Dépôts, prévoient bien que le vieillissement aura des effets dépressifs sur les bourses, car les retraités auront besoin de leurs capitaux, conformément à la théorie du cycle de vie. Troisième remarque : la perspective de l'ouverture d'une succession est-elle souhaitable pour les donateurs, pour les bénéficiaires et pour la société ? L'attente du pactole démobilise. Elle crispe aussi. « Tout à coup », note cruellement Pollan « chaque dollar dépensé par les parents, que ce soit pour acheter une table de salle à manger ou pour passer des vacances en France, est perçu comme pris dans la poche des héritiers. Situation pénible, où l'enfant souffre de ce qui fait plaisir aux parents, tandis que ceux-ci sont conduits à privilégier la qualité de leur mort au détriment de la qualité de leur vie ». Au plan psychologique, aucune cérémonie n'est plus ambiguë que l'ouverture du testament. Les héritiers sont inévitablement tiraillés entre la peine consécutive au décès de l'être cher et la perspective réjouissante d'accroître leur patrimoine.

ÉPARGNER POUR RIEN

Le dernier argument de l'auteur de *Die Broke* représente incontestablement sa botte secrète : « La succession est un acte démodé. Transmettre, c'est ringard. Vous n'êtes pas une SA, mais un être humain. Votre argent n'a pas vocation à vous survivre. Vous quitterez la vie comme vous y êtes entré : sans un sou. Vos actifs sont des ressources à utiliser pour vous-mêmes et pour ceux que vous aimez. Chaque dollar qui restera dans votre compte en banque à votre décès est un dollar perdu. Votre priorité doit aller non pas à la manière dont vous allez mourir, mais à la manière dont vous allez vivre. Mourir fauché, c'est aussi vivre bien. » L'Américain Pollan et le notaire parisien ont beau ne s'être jamais rencontrés, leurs avis convergent, au moins sur le plan des principes.

David B., 82 ans, marié sans enfant et domicilié dans les quartiers populaires de Paris, n'aurait aucune difficulté à souscrire aux trois premières préconisations de Stephen Pollan. Pied-noir originaire de l'Oranais, refusé au concours des PTT pour cause de « taille insuffisante », il est aussitôt devenu son propre maître, passant sans transition du statut de représentant à celui de buraliste, puis de vendeur de polices d'assurances-vie, avant de redevenir représentant. Économe et avisé, il n'a jamais versé un centime à un établissement de crédit à la consommation. Enfin, il a fallu qu'il soit terrassé par une hémiplégie, dont il s'est remis, pour décrocher, à l'âge raisonnable de 70 ans. David ne paraît pas en revanche prêt à « mourir fauché » ! Et pourtant, son épouse et lui en ont largement les moyens. Car, comme beaucoup de Français d'un certain âge, ils ont plus d'argent qu'ils ne pourront jamais en dépenser jusqu'à la fin de leurs jours. Non que leurs deux retraites bien modestes, (20 000 euros/an), suffisent. Leur train de vie actuel est plus proche de 36 000 euros, dont une bonne partie passe en frais de voyage et en médicaments (tous les jours une dizaine de comprimés différents chacun, soigneusement rangés sur des dessertes). L'appoint est confortablement assuré par les loyers de leur trois-pièces et de leurs cinq boxes, ainsi que par les intérêts de leur gigantesque portefeuille d'obligations, supérieur à 450 000 euros, (David est réfractaire aux actions). En l'espace d'une vie de labeur et d'épargne, les B. ont accumulé un patrimoine supérieur à 850 000 euros. Leur cagnotte est grosse au point qu'ils épargnent encore, à leur âge, 41 % de leurs revenus ! En accroissant irrémédiablement leur fortune. Dans quel but ? À quel effet ?

En dépit d'une condition physique un tantinet précaire, David se voit vivre plus que centenaire. Comme son cousin Isaac, décédé à 104 ans. Et il voudrait faire le tour du monde, si possible trois fois par an ! Peu importe qu'il ne s'y résolve jamais, il en a largement les moyens. Il suffit qu'il transforme 230 000 euros de son patrimoine en rente viagère, avec réversion sur la tête de son épouse, pour disposer, outre les pensions de retraite et les loyers, des 27 000 francs de revenus par an nécessaires à la réalisation de ses rêves. L'idée ne lui déplaît pas, car, convaincu de dépasser son espérance de vie théorique, il imagine faire payer la compagnie d'assurance, une perspective qui le réjouit. Il faut donc vendre des obligations pour générer ce capital de 230 000 euros. Rien de plus facile. Il en restera encore 220 000. De trop ? S'y ajoute en effet la valeur de ses biens immobiliers et l'assurance-vie (250 000 euros) contractée par le couple. Au bénéfice de qui ? Silence radio.

L'INCONTOURNABLE RENTE VIAGÈRE

Ce capital substantiel ne sera jamais dépensé. Même si les B. décidaient de mourir fauchés, il en resterait encore. N'y a-t-il cependant pas d'alternative à l'accumulation ? La question les plonge dans un abîme de perplexité. David a bien un frère, qui tire le diable par la queue. Mais ils ne se parlent plus depuis longtemps. « C'est un bon à rien », marmonne-t-il. Alors la synagogue ? La *tsedaka*, pour aider d'autres juifs pratiquants, comme lui ? David grimace. Ce n'est pas sa tasse de thé. En réalité, il ne fera rien. Sans héritier direct, sans désir de donner à qui que ce soit, David B. aura épargné toute sa vie pour… le fisc. La leçon de ce cas de vie est double. D'abord, passé un certain âge, de nombreux seniors, souvent d'origine modeste ont accumulé suffisamment de capitaux pour en envisager le partage, avec les destinataires de leur choix, et sans se priver pour autant. Seconde leçon, cette opération de dépossession volontaire passe nécessairement par l'intermédiaire de la rente viagère. En sachant que plus cette rente est versée tardivement et plus son montant est élevé par rapport au capital ainsi « aliéné », pour reprendre le jargon des professionnels.

Relativement développée dans les pays anglo-saxons, la technique de la rente viagère est aussi méconnue que mal aimée des Français. Première objection : « Et si la compagnie d'assurances qui gère mon compte fait faillite » ? Le cas a été prévu par la profession. Non seulement tous les clients bénéficient d'une garantie de ressources, plafonnée à 76 000 euros, mais une caisse de garantie professionnelle devrait apporter, le cas échéant, un complément. Autre reproche couramment fait aux rentes, notamment par les héritiers : en cas de décès prématuré, ils n'encaissent rien, c'est la compagnie d'assurances qui est gagnante. Exact. Cette dernière mutualise les risques, comme on dit. Le décès prématuré de certains assurés est compensé, dans ses calculs de probabilité et donc dans ses tarifs, par la plus grande longévité des autres. Dans le schéma, si les héritiers n'ont rien au décès, c'est évidemment parce qu'ils ont été dotés par anticipation. On ne peut pas avoir le beurre et l'argent du beurre ! En 2004, il y a d'autant moins de raisons de se défier des rentes viagères que cette année a été celle de la mise en place du tout nouveau plan d'épargne-retraite populaire, le PERP, destiné à offrir à tous les non-retraités (même les femmes au foyer, une espèce pourtant en voie de disparition), un complément de retraite par capitalisation. Comme une pension de retraite classique, ce complément prend la forme d'une rente viagère.

LE BON ÂGE DU GRAND PARTAGE

Quand faut-il envisager de se déposséder ? S'il n'est jamais trop tôt pour donner, au moins une partie de ses biens, l'âge propice au grand partage se situe incontestablement à 75 ans aujourd'hui (qui en deviendront progressivement 80, avec l'allongement naturel de la durée de vie). Pourquoi 75 ans ? D'abord, certaines expériences douloureuses montrent qu'il peut s'avérer dangereux de s'y prendre trop tôt. Germaine et Henri P. avaient cru bien faire en donnant, aux alentours de leurs 65 ans, la nue-propriété de leur résidence principale et de leur maison de campagne à leurs cinq enfants, encore relativement jeunes. Entre-temps, quinze années mouvementées se sont écoulé. Une de leurs filles est entrée au couvent (dont la règle l'oblige à son décès à céder sa part d'héritage), l'un de leurs fils a été jugé incapable et mis sous tutelle. Enfin, comble de malheur, Germaine a été victime d'un accident cardiovasculaire. Elle est désormais clouée au lit, nécessitant des moyens bien supérieurs à la pension d'Henri. Bref, il faut vendre. Mais comment s'y prendre, dès lors que le logement est la propriété des enfants ? Le dossier reste un véritable casse-tête, notamment pour les notaires interrogés.

Mieux vaut attendre d'avoir atteint 75 ans pour partager. Il faut en effet donner aux multiples envies le temps d'être satisfaites, le désir de se prolonger restant fort. Et puis c'est à cet âge que les conseillers en marketing situent la grande rupture des comportements de consommation, le passage du statut de « libéré » à celui de « paisible », deux adjectifs qui en disent long. Au-delà de 75 ans, le magazine *Notre Temps* commence à perdre sérieusement des lecteurs. Et s'amorce, selon l'*Observatoire Caisses d'épargne 2004*, le recentrage vers la famille et vers soi. D'ailleurs, les enfants de parents de 75 ans ont des chances de se rapprocher de la cinquantaine, l'âge idéal pour recevoir une donation. Cet acte de générosité paraît d'autant mieux venu que, la consommation du donateur n'ayant quasiment aucune chance d'augmenter et ses besoins diminuant, il est en mesure d'établir son budget prévisionnel avec une assez grande précision. Soixante-quinze ans représentent aussi, plus trivialement, l'âge limite pour économiser des droits de donation. Les autorités fiscales savent en effet qu'au-delà, l'esprit de partage s'effiloche au point de disparaître totalement, sous l'empire de la peur de manquer. Ou de la peur de la dépendance, que nous supposons éliminée, le donateur s'étant déjà couvert contre ce risque par une police d'assurances obligatoirement souscrite avant… 75 ans.

Si le partage n'est concevable qu'une fois éliminée la peur des lendemains qui déchantent, il ne présuppose ni le sacrifice, ni la pauvreté. Conformément à la philosophie prônée par l'auteur de *Die Broke*, il s'agit simplement d'optimiser ses revenus et son patrimoine de manière à ne rien laisser derrière soi le jour de son décès. Mourir fauché, comme il a déjà été dit, c'est aussi vivre bien aussi longtemps que la santé de chacun le lui permettra. Et avec le niveau de confort qu'il aura choisi, en se libérant de surcroît de deux soucis majeurs. D'abord celui de mal placer son argent, qui étreint notamment les veuves à la disparition de leur mari. Autre hantise bien légitime à un âge certain, celle de se faire déposséder par un aigrefin. Le cas est trop fréquent pour ne pas inquiéter. Avec une rente viagère trimestrielle, son butin risque d'être maigre. On ne peut prendre à qui n'a plus. Dans notre scénario, le seul bien tangible conservé après le partage, ce sont éventuellement quelques objets d'art, ainsi que la résidence principale (encore que d'autres solutions soient sans doute préférables). Comme beaucoup de ses jeunes contemporains en rêvent, le septuagénaire libéré « vit de ses rentes ». Au premier rang desquelles figurent les pensions de retraite.

D'où une objection naturelle : et si les caisses de retraite font faillite ou qu'elles ne peuvent plus fournir les prestations actuelles ? Les dépossédés n'auront-ils pas lâché la proie pour l'ombre ? L'insolvabilité des caisses de retraite de base, à commencer par la Caisse nationale d'assurance vieillesse, est aussi peu probable que celle de l'assurance maladie. L'État trouvera une manière d'ajuster leurs recettes et leurs dépenses. Il en va pratiquement de même des caisses complémentaires gérées paritairement par les représentants des salariés et des employés. Elles sont plus vulnérables que les précédentes, mais elles sont très soucieuses de leur équilibre comptable. L'Agirc et l'Arrco, les deux grands régimes de retraite complémentaire des salariés du secteur privé, ont reconduit, début 2004 et pour quatre ans, l'accord paritaire signé par les représentants des salariés et des entreprises. Cela dit, la réforme accouchée dans la douleur dans le cadre de la loi Fillon d'août 2003 n'accomplit qu'une partie (le tiers, selon divers experts) du chemin nécessaire à l'équilibre du système de base au cours des quelque quarante années difficiles devant lui. D'autres réformes seront nécessaires. Et comme elles passent toutes soit par une augmentation des cotisations, soit par un allongement de la durée de la vie active, soit par une baisse des prestations, ces trois options figureront au menu chaque fois qu'un gouvernement sera dans l'obligation d'agir.

DES PENSIONS DE RETRAITE PEAU DE CHAGRIN ?

Les seniors doivent s'attendre à l'évolution défavorable de leurs futures pensions. Il serait donc urgent d'épargner, histoire de compenser la perte prévisible de recettes ? Tout dépend de ce que l'on entend par évolution « défavorable ». Jusqu'à la fin des années 1980, les pensions de retraite étaient indexées sur les salaires. Il s'agissait d'un cadeau royal fait aux retraités au nom de la fameuse solidarité inter-générations. Les concepteurs des régimes par répartition nés en 1945 ne voulaient pas que les retraités s'appauvrissent par rapport aux salariés, dont les rémunérations galopaient alors bien plus vite que les prix de détail. En vertu de la solidarité inter-générations, les retraites augmentaient d'autant. On peut s'interroger sur cette homothétie. Est-il normal de bénéficier de gains de pouvoir d'achat alors qu'on n'a plus de charges de famille et une consommation qui, comme le prouvent les études de l'INSEE, tend à plafonner, puis à baisser ? Une fois à la retraite, le maintien du pouvoir d'achat de la pension de retraite représente déjà une belle garantie, surtout lorsque les perspectives de croissance économique diminuent.

Les premiers signes de désolvabilisation des caisses ont conduit à l'indexation des pensions de retraite des salariés du privé non plus sur les salaires, mais sur les prix de détail. Il faudra attendre une quinzaine d'années et la loi Fillon pour que cette mesure soit étendue aux fonctionnaires. Elle ne résout pas le problème pour autant. Quel peut être le tour de vis suivant ? Certains généreux suppléments de pension offerts notamment aux cadres parents de familles nombreuses seront sans aucun doute réduits. On peut aussi très bien imaginer qu'à titre provisoire, l'indexation des pensions soit suspendue, comme l'a fait l'Agirc entre 1995 et 1998. Il s'agit en effet d'une mesure efficace. En revanche, une baisse de la valeur du « point de retraite », devrait pouvoir être évitée, car ses conséquences psychologiques et économiques seraient incalculables. Et quand bien même cette baisse aurait-elle lieu, quel en serait l'impact pour les retraités ? D'abord, les plus démunis d'entre eux échapperaient certainement à cette mesure forcément très mal vécue. Quant aux pensions moyennes ou supérieures, il ne faut pas perdre de vue que le taux d'épargne des retraités est particulièrement élevé. C'est donc qu'ils ne dépensent pas tout. Et puis, rappelons-nous qu'à partir de 70 ans, la consommation commence à baisser, même très sérieusement au-delà de 80 ans. La précarité des caisses de retraite n'est qu'un prétexte de plus au refus du partage. En avant donc pour la rente viagère !

Les pensions de retraite resteront, quoi qu'il arrive, le socle des revenus des retraités. Parmi ceux qui opteront, le moment venu, pour le partage de leurs biens, certains auront envie ou besoin de compléter ces pensions par la conversion d'une partie de leur patrimoine en rente viagère. Combien cette opération peut-elle rapporter, en somme quelle rente peut-on espérer retirer d'un capital donné ? De prime abord, la réponse à cette question paraît simple. Toucher une rente revient à « consommer » son capital pendant un certain nombre d'années. Lorsque la rente est viagère, l'affaire se complique, car ce nombre n'est pas connu d'avance. Pour établir leurs tarifs, les compagnies d'assurances se fondent sur les tables de mortalité, (en l'occurrence celles de femmes, ce qui défavorise les hommes, dont l'espérance de vie est moindre). Pendant la durée de service des rentes, le capital confié à la compagnie est placé et rapporte intérêts, dividendes et plus-values dont une partie alimentera la rente. Si l'on opte pour une rente « réversible » sur la tête de son conjoint, le jour de son décès, l'affaire se complique un peu plus, car il faut aussi appliquer les tables de mortalité de ce dernier.

Ces précisions faites, et sans rentrer dans d'inutiles complications, à 75 ans, cent euros de capital produiront environ huit euros de rente annuelle sans reversion et six euros et demi si le conjoint survivant a cinq ans de moins que le souscripteur, supposé décéder avant lui[2]. Les rentes viagères présentent en outre l'intérêt de ne subir l'impôt que sur une fraction de leur valeur (30 % à 75 ans). Elles sont sensiblement moins taxées que les pensions de retraite.

Redevenez locataire

Concernant la problématique patrimoniale des seniors décidés à « mourir fauchés », faut-il inclure la résidence principale dans le partage ? Que faire des objets de collection ? Enfin, que conseiller à ceux qui ont déjà franchi le cap des 75 ans ?

Être maître chez soi. L'instinct de propriété est tout puissant. Si les locataires y renoncent, c'est parce qu'ils n'ont pas les moyens de le satisfaire. Les notaires sont bien placés pour savoir à quel point il est impossible de déloger mamie de ses 280 mètres carrés pourtant grevés de lourdes charges, dont l'hypothétique produit de la vente hante les nuits de ses enfants ? Que voulez-vous, ces choses-là on n'en parle pas, ce ne serait pas convenable. À 79 ans, Alix L., qui n'avait jamais manqué de rien, a cependant accepté de prendre ce risque, en dépit des angoisses que lui inspirait l'abandon de son ravissant appartement avec double terrasse dans un quartier cossu de la capitale. Il est vrai qu'elle souffrait depuis longtemps d'arthrite et qu'il lui était de plus en plus difficile de rejoindre sa chambre à coucher à l'étage. Il est vrai aussi que son défunt mari était propriétaire à 25 % de l'appartement, dont la vente permettait à ses trois enfants d'encaisser quelques capitaux bienvenus. Enfin, en passant de ses 170 mètres carrés sur deux étages à un trois-pièces deux fois moins grand loué dans une belle résidence de Neuilly, Alix se libérait, pour le plus grand bonheur de ses propres enfants, de quelques jolis meubles, devenus encombrants. Dernier atout : elle disposait d'une réserve liquide lui permettant de voir venir une dépendance qu'elle n'avait pas prévue, mais qu'elle devra hélas affronter.

L'initiative d'Alix l'a libérée. Elle ne l'a jamais regrettée. Et puis, compte tenu du coût de l'hémiplégie qui la frappera, le jour de son décès, il ne restait plus grand-chose sur son compte en banque. Mais elle avait bien vécu jusqu'au bout. Simplement, elle avait eu l'immense courage de prendre une décision patrimoniale majeure à un âge où l'on a tendance à se figer dans un repli silencieux.

Devenir locataire à 75 ans, c'est donc possible. La loi du 3 décembre 2001 n'y incite guère cependant. Cette loi de protection du conjoint survivant lui permet de conserver la jouissance du logement du défunt jusqu'à son décès. Les veuves errantes sous les lambris haussmanniens vont donc faire longtemps partie du paysage. C'est après tout leur droit le plus strict. Nul n'est obligé de mourir locataire. Mais que de mètres carrés inutilement gelés ! En revanche, rien n'interdit au senior propriétaire de transmettre à ses enfants la nue-propriété de sa résidence principale, dont il conservera l'usufruit (et son conjoint après lui). Il s'agit certes d'un pis-aller. Son mérite est de réduire la base imposable le jour où la succession sera ouverte.

Les objets de valeur (voire de collection) peuvent être appréciés avec la même lucidité que la résidence principale. Faut-il les conserver jusqu'à la fin ou ne vaut-il pas mieux qu'ils soient un jour entre les mains des enfants ? Aliette G., 89 ans et bon pied bon œil, a résolu depuis longtemps le problème de sa superbe collection de tableaux impressionnistes, acquise pendant les années difficiles de l'entre-deux guerres mondiales. Elle a fait copier tous les tableaux, pour continuer à en profiter, et elle a donné les originaux à ses quatre enfants. Quelle merveilleuse compréhension de la nature humaine : autant à 50 ans, on a encore besoin de posséder, autant à 80, il faut sans doute savoir s'alléger. Et ne plus redouter les cambrioleurs. Pierre L., 82 ans vit, quant à lui, dans la terreur de perdre la moindre pièce de sa collection de pots à tabac. Il ne rate pas une vente aux enchères, il est abonné à toutes les revues ou bulletins spécialisés, il rêve encore de la pièce introuvable. Ses héritiers contemplent cette passion tardive avec un mélange d'admiration, d'effroi et d'indignation. Leur héritage n'est-il pas en train d'être englouti dans les fantasmes dérisoires d'un vieillard obstiné et obtus ? Le comportement de Pierre ressemble fort à de la possessivité. Il veut encore décider, il ne veut pas lâcher. Et peu lui importe ce qu'en pense la galerie. Et pourtant, au-delà de son apparente liberté, Pierre n'est-il pas finalement possédé par ses possessions ?

PARTAGES TARDIFS

Puisque 75 ans apparaît comme l'âge idéal du grand partage, que dire à tous ceux qui ont déjà dépassé cette limite ? Il n'est jamais trop tard pour bien faire, à ceci près que le message passe d'autant plus mal que les intéressés n'y prêtent guère attention, tandis que leurs ayants droit hésitent à les entretenir d'un sujet qui pourrait les faire apparaître comme intéressés. En somme la conspiration du silence prévaut, au plus grand avantage de mamie et papy. Rien ne les oblige en effet à s'expliquer. Et puis, nom d'une pipe, leur argent est à eux, que l'on sache ! C'est ainsi qu'ils peuvent continuer à accumuler en toute impunité, si absurde un tel comportement soit-il. Il ne faudra pas compter sur eux pour donner la moindre impulsion à un scénario « place aux jeunes ». Alors que faire ?

Les grands aînés présentent un vrai danger pour leurs descendants, celui de les ruiner avant qu'ils aient pu bénéficier de leur héritage. Absurde, non. Voyez Catherine B., 40 ans et cadre d'une grande entreprise industrielle, c'est-à-dire convenablement payée, sans plus. Du fait d'une vie sentimentale quelque peu mouvementée, elle vit seule avec son fils âgé de 10 ans lorsque son père, veuf de 75 ans, présente les premiers signes de la maladie d'Alzheimer. Catherine s'en occupe, un peu, puis davantage, puis beaucoup. Elle passe ensuite le relais, en partie, à une accompagnatrice. Il faudra tout de même un jour confier son père à une institution. Il y restera deux ans. Au total, sa maladie aura duré presqu'une décennie. Comment a-t-elle été financée ? Sur son épargne. Il n'avait cependant signé aucune procuration. « La banque a souvent fermé les yeux, admet Catherine, mais j'ai aussi rédigé des faux en écriture. Il est mort à temps », conclut-elle en s'excusant pour l'ambiguïté de cette formule « car il n'y avait pratiquement plus rien dans la caisse ». Sans ménager sa peine tout au long de ces dix années, sa fille n'en a pas moins craint les foudres de son frère, qui la soupçonnait de détourner quelques sous à son profit. « J'ai scrupuleusement gardé toutes les factures. » Le métier du frère ? Médecin. On aurait pu s'attendre à de la compassion de sa part. Il paraît qu'il ne supportait pas que son père soit devenu « un légume ». C'est humain.

Un testament avant la date

La leçon de cette aventure s'appelle testament de vie, ou, pour employer une formulation plus juridique, « mandat sur incapacité future », parfois appelé mandat de protection future. L'objet de ce mandat est de permettre à une personne d'organiser de son vivant, à un moment où ses facultés mentales sont intactes, la future et éventuelle incapacité qui la frapperait. Elle désignerait notamment quelqu'un, sans doute pris dans son entourage, chargé de contracter en son nom pour organiser et maintenir ses conditions de vie. De quoi légitimer les acrobaties de Catherine, notamment vis-à-vis de son frère. Remarque d'un notaire parisien: « Un couple d'amis m'a demandé d'être, en cas de malheur, le tuteur de leurs enfants. Impossible aujourd'hui, car le code civil me l'interdit. Il appartient au juge des tutelles de décider. »

Ce mandat d'un type nouveau, les notaires, convaincus de son intérêt, l'ont fait figurer en 1998 parmi les « vœux » qu'ils expriment traditionnellement à l'occasion de leur congrès annuel. Le dispositif existe d'ailleurs en Argentine et au Québec. Il présente de nombreux avantages. Et d'abord celui de ne pas figer le patrimoine à un moment où il va falloir en mobiliser une partie. Autant que les enfants ne soient pas ruinés avant même de toucher leur héritage. La relation entre eux et la personne dépendante ne peut qu'être plus harmonieuse le moment venu. De plus, avec un tel mandat, la mise sous tutelle ou sous curatelle n'est plus nécessaire. Les juges de tutelle en seraient soulagés. Leur activité connaît en effet une croissance explosive: entre 1990 et 1999, le nombre de tutelles a augmenté de près de moitié, pour atteindre et dépasser les 500 000, soit presque 1 % de la population. La progression inéluctable de la dépendance laisse prévoir une accélération de ce phénomène.

L'existence d'un mandat de protection future, sorte de testament pour fin de vie, servirait en outre de révélateur.

Dès lors qu'il existera, les héritiers auront tout à gagner à ce que leurs parents s'y soumettent. Sans pour autant que ces derniers y soient contraints. Le nombre de mandats signés chaque année sera sans aucun doute un très intéressant indicateur de leur sens des responsabilités.

UN VIAGER MODERNE

Une autre disposition serait sans doute très utile pour les personnes qui n'ont pas pris leurs précautions concernant la dépendance. Quelles qu'ait été leur effort d'épargne, leurs ressources ajoutées à l'Allocation personnalisée à l'autonomie peuvent en effet s'avérer insuffisantes à couvrir leurs besoins. Que faire sans solliciter l'aide des enfants? Toute solution passe par la résidence principale. Elle représente le principal élément de patrimoine de nombreux ménages. Comment rendre ce patrimoine liquide? Une seule solution en France: le viager. Elle n'est pas satisfaisante. Les deux particuliers qui contractent un viager prennent en effet un risque démesuré. Ce risque est donc mal tarifé. Ou, disons, le débirentier, celui qui effectue un versement tous les mois se protège trop. Car il n'a qu'un seul crédirentier en face de lui. Et qu'il se souvient du film du même nom dans lequel Michel Serrault enterrait ses débiteurs. La situation du crédirentier n'en est pas moins précaire. Comme il a perdu la propriété de son logement, sans être nécessairement âgé, il lui est bien difficile d'attaquer en justice son débirentier au cas où ce dernier cesserait de le rembourser. D'ailleurs, le système du viager ne fonctionne guère. Ce dispositif ne touche que quelques milliers de particuliers par an. Autant dire qu'il est confidentiel.

Imaginons maintenant que le débirentier soit une institution financière remboursant chaque année ou chaque mois des milliers de particuliers dont elle sera, à terme, propriétaire des logements. Un tel dispositif fonctionne déjà depuis les années 1970 au Royaume-Uni et depuis la fin des années 1980 aux États-Unis. Il s'appelle *reverse mortgage* ou, traduit littéralement, crédit immobilier à l'envers. Outre-Atlantique, dès l'âge de 62 ans, il est possible de convertir tout ou partie de sa résidence principale en revenus nets d'impôt sans avoir à vendre, quitter ou abandonner son domicile. Ce revenu est défiscalisé du fait qu'il s'agit du remboursement d'un emprunt effectué par l'institution auprès du particulier propriétaire. Celui-ci peut encaisser le montant de son prêt en une seule fois, ou sous forme d'un nombre d'annuités fixe ou viager. À son décès, l'institution devient propriétaire de la part qui lui revient, qu'elle remet ensuite sur le marché. Aux États-Unis, les associations caritatives désireuses de disposer d'actifs immobiliers se livrent couramment à ce type d'activité. Elles conservent dans ce cas le bien. Au Royaume-Uni, le *reverse mortgage* fonctionne de manière très satisfaisante sans le moindre soutien public.

On conçoit aisément les immenses mérites de cette sorte de « rente logement », comme l'appelle le consultant lyonnais Emmanuel Racine, qui tente depuis près de dix ans de convaincre les pouvoir publics et la communauté financière de son bien-fondé. Dans la pire des hypothèses, la rente logement permet de compléter une retraite insuffisante. En apportant les capitaux nécessaires à un surcroît de dépenses imprévu, elle règle aussi, de manière originale, le problème de la dépendance. Sa mise en place pourrait en outre figurer dans un « mandat de protection future ». Elle permet enfin de distribuer son patrimoine de son vivant tout en conservant la jouissance de sa résidence principale, cette jouissance pouvant, être étendue, rappelons-le, depuis la loi du 4 décembre 2001, au conjoint survivant, jusqu'à la fin de ses jours.

Rien ne s'oppose à l'introduction chez nous de ce dispositif original. Rien, sinon le coup de pouce généralement attendu de la part de l'État… Or, le 2 mars 2004, quelques semaines avant le changement de gouvernement, Francis Mer, alors ministre des Finances et Gilles de Robien, ministre notamment du Logement cosignaient un courrier destiné à plusieurs professionnels du logement. On pouvait y lire : « Offrir la possibilité de mobiliser une partie de la valeur de son logement, tout en en conservant l'usage, pour se procurer des ressources complémentaires, notamment après avoir cessé son activité professionnelle, s'inscrit en cohérence avec le souhait du Gouvernement qu'un plus grand nombre de ménages bénéficie des avantages de l'accession à la propriété. » Le *reverse mortgage* était enfin mis à l'étude. Sa mise en place interviendra, sous le nom de rente hypothécaire. Elle peut rendre de précieux services aux retraités de condition modeste comme aux imprévoyants touchés par la dépendance.

Que l'on ait franchi ou non le seuil fatidique des soixante-quinze ans, la preuve est faite qu'il existe – et ce sera encore bien davantage le cas demain – des techniques permettant de partager ses biens avant que l'usure du temps et le fisc ne fassent leur œuvre. Ces techniques s'adressent aux millions de seniors à l'abri du besoin et disposant de patrimoines confortables. En cassant leurs tirelires, ils libèrent des énergies, d'abord les leurs, qui peuvent être mises à d'autres exercices que l'accumulation de biens, ensuite celles des bénéficiaires de leur sens du partage.

Il n'y a pas que les riches, il y aussi les super-riches. Leur nombre a littéralement explosé au cours de ces dernières années. Leur problématique n'est pas la même. Pour simplifier, ils ont le choix entre mettre leur patrimoine à l'abri, le plus souvent au-delà de nos frontières et le mettre au service d'une France, où, face à un État à bout de souffle, la société civile peut trouver la juste et noble place qu'elle n'a jamais encore osé occuper.

-7-

Fortunes sans fondations

Petit exercice de finance-fiction. Le 18 septembre 2006, quarante des Français parmi les plus riches, dont Serge Dassault, François Pinault, Bernard Arnault et Claude Bébéar rédigent, sous le couvert de la discrète Association française des entreprises privées, une lettre ouverte, publiée avec gourmandise, comme on va le comprendre, par *le Monde*. Le courrier s'adresse au chef de l'État. Le bruit court en effet avec insistance qu'à moins d'un an de la fin de son mandat, dans un grand élan de générosité, Jacques Chirac a suggéré au successeur de Nicolas Sarkozy de supprimer les droits de succession. Ce cadeau doit figurer dans le projet de loi de Finances, attendu pour le surlendemain. Le pays entier applaudit la disparition prévue de cet impôt mal aimé, dont le produit ne représente que 3 % des recettes budgétaires. Les quarante patrons sont d'un avis contraire. Ils exigent d'être taxés, estimant que les droits de succession élevés favorisent d'abord la croissance économique en encourageant les donations et les transmissions anticipées et fondent ensuite la valeur des héritiers non pas sur leurs capitaux, mais sur leurs mérites ! Cette démarche aux accents de gauche n'est pas pour déplaire au grand quotidien du soir…

Il s'agit bien de finance-fiction. On imagine mal en effet nos grands patrons ou nos grands héritiers défendre des droits de succession dont les taux supérieurs sont franchement dissuasifs. Non, nous ne verrions pas une telle initiative en France. Elle a pourtant été lancée en janvier 2001… aux États-Unis, où, contrairement à ce que l'on pourrait croire, le niveau de ces droits – jusqu'à 55 % en ligne directe – est encore plus confiscatoire qu'en France. Le nouveau président Georges W. Bush militait alors en faveur de la disparition progressive de cette « taxe sur la mort ». Cent vingt richissimes Américains, parmi lesquels figurait le spéculateur George Soros, des héritiers Rockefeller, le fondateur de la chaîne de glaciers Ben & Jerry et William H. Gates Sr., le père du célèbre Bill, auteur depuis lors d'un livre sur le sujet, ne l'ont pas vu ainsi. Et, comme le veut la tradition, ils ont entrepris une vigoureuse action de lobbying contre son initiative. Au point de faire reculer le président, qui était sûr de son succès. « Les très riches sont vraiment des gens à part. Ils veulent payer des impôts ! », concluait le magazine d'affaires *Forbes*.

CAPITALISTES À TRÈS GRANDE VITESSE

Retour en France. L'accumulation de capitaux substantiels prend d'habitude des décennies. L'affaire d'une vie. Elle peut aussi être fulgurante. On citera pour mémoire les vainqueurs du loto (encore qu'ils tentent peut-être leur chance depuis des lustres…). Les cas-type sont les vedettes de la musique pop, les rois du sport et ce que l'on pourrait appeler les capitalistes « à très grande vitesse ». Il s'agit des présidents-directeurs généraux des grands groupes cotés en Bourse. En moins de vingt ans, sous l'effet à la fois de la « financiarisation » de l'économie, du gigantisme de leurs entreprises et de pratiques importées des États-Unis, les perspectives de rémunération des hommes qui occupent ces postes ont subi un profond bouleversement. Jusqu'à la fin des années 1980, ils pouvaient prétendre terminer leur carrière avec un beau salaire annuel, de l'ordre de 3 à 400 000 euros d'aujourd'hui. Par ailleurs, en contrepartie des éminents services rendus par eux à la collectivité, ils pouvaient s'attendre à se voir attribuer tout à la fois un confortable complément de retraite et les insignes de la légion d'honneur. Mais ils n'avaient aucun espoir de faire fortune.

Ce temps est bien révolu. Le 25 avril 2004, Igor Landau, P-dg du groupe franco-allemand Aventis, capitulait. Il acceptait son humiliante absorption par Sanofi-Synthélabo, un rival pourtant plus petit que lui. Cette absorption, qu'il avait qualifiée de *hold-up,* Landau l'avait férocement combattue pendant trois mois à coups de placards publicitaires incendiaires, de « pilules empoisonnées » et de négociations avec des « chevaliers blancs », toutes ces manœuvres étant destinées à déstabiliser l'adversaire. Dès le premier assaut de son concurrent, il avait aussi pris la peine de se faire signer par le comité des rémunérations de son conseil d'administration un contrat de trois ans, en témoignage de sa contribution vitale au destin du groupe. Il s'était fait attribuer ce que l'on qualifie généralement de « parachute doré ». Aussi a-t-il finalement abandonné la présidence d'Aventis avec, aux dires d'un proche, plus de 30 millions d'euros à son compte. Le chiffre peut choquer, mais la résistance de Landau avait poussé Sanofi à « améliorer » son offre de plus de 7 milliards d'euros. Les actionnaires d'Aventis bénéficiaires de cette surenchère seraient donc mal fondés à lui chercher des poux dans la tête !

Ce cas est loin d'être isolé. À en croire les calculs du magazine *Challenges*, cinquante patrons français gagnaient en 2002 plus d'un million d'euros. À cette rémunération, que les charges sociales et l'impôt sur le revenu amputent d'un peu plus de moitié, s'ajoutent, dans des proportions souvent considérables, de très lucratifs plans de *stock options*, c'est-à-dire de droits d'achat d'actions de la société dans des conditions préférentielles. Au jeu des *stock options*, qui ont fait couler beaucoup d'encre en France (et dont les plus-values sont désormais très lourdement taxées au-delà d'un certain seuil), les grands P-dg sont en mesure de faire fortune en l'espace d'une dizaine d'années. Parmi ceux dont on peut penser qu'ils valent déjà plus de 20 millions d'euros figurent Claude Bébéar (AXA), Jean-René Fourtou (Aventis puis Vivendi Universal), Jean-Louis Beffa (Saint Gobain), Lindsay Owen-Jones (L'Oréal), Michel Pébereau (CCF puis BNP Paribas), André Lévy-Lang (Paribas) ou Philippe Jaffré (Elf), l'homme par qui est arrivé, en 1999 le scandale (et donc la surtaxation) des *stock options*. Cette liste n'est évidemment pas limitative. Et certains des précités pèsent largement plus de 100 millions d'euros.

Ces capitalistes-là représentent une nouvelle race. Contrairement à celle des bâtisseurs d'empires comme Bouygues, Bic, Michelin, Dassault, Ricard ou Peugeot, leur fortune n'est pas immobilisée, pour l'essentiel, en actions de l'entreprise. Une fois exercés leurs droits d'acheter des actions de leur groupe, ils les revendent aussitôt et empochent la plus-value correspondante. Le pactole des capitalistes TGV est donc liquide, comme on dit. Mais que faire de 20 ou de 100 millions d'euros ? La fringale de consommation a ses limites et les P-dg ainsi gratifiés, issus de nos grandes écoles d'ingénieurs ou de l'ENA, ne sont pas des flambeurs. Une fois qu'ils ont acheté un bel appartement parisien et quelques menus objets d'art, qu'ils se sont fait construire la maison de vacances de leurs rêves, qu'ils se sont livrés à de menues opérations de capital-risque, ils s'aperçoivent qu'ils n'ont pas épuisé leur trésor de guerre. Qu'en faire ?

L'EFFET-ISF

Il ne serait sans doute pas opportun de doter trop avantageusement leurs enfants. Quand on a atteint les sommets à la force du poignet, l'oisiveté donne des crispations et on hésite à l'encourager chez ses proches. Comme les cent vingt Américains signataires de la pétition en faveur des droits de succession. Une fois mis à la retraite, en bénéficiant souvent de somptueux compléments par rapport aux versements de l'Agirc, le problème qui se pose aux capitalistes TGV français est celui de l'ISF. L'impôt sur la fortune les frappe durement. Avec 20 millions de capital, la note annuelle atteint déjà environ 300 000 euros, soit le prix d'un trois-pièces moyen à Paris. Personne n'aime faire tous les ans un tel cadeau au fisc. D'où la tentation de se délocaliser sous des cieux fiscaux plus cléments. De grands entrepreneurs, comme Philippe Foriel-Destezet (Ecco, devenu Adecco), François Dalle (L'Oréal), Bernard Darty ou le regretté Paul-Louis Hallé (Carrefour-Promodès) ont émigré vers d'autres pays européens. En emportant dans leurs valises des milliards. La plupart des héritiers de la famille Mulliez (Auchan, Décathlon, St. Maclou) vivent désormais en Belgique, à Tournai, à quelques kilomètres de la frontière française. Ils occupent même deux rues voisines aux noms prédestinés : la rue des Canonniers et celle des… Martyrs. À défaut de l'abandon d'un impôt stupide et confiscatoire, l'hémorragie se poursuivra.

Il existe pourtant une alternative à cette saignée, un moyen de retenir les fugitifs. Il s'agit en l'occurrence de renoncer à la jouissance d'une partie au moins de leurs gains, dont ils savent pertinemment qu'ils ne sont pas uniquement l'expression de leur génie propre, mais le fruit des circonstances, des mœurs, du marché et des… talents de leurs collaborateurs. Aussi ne paraît-il pas inconvenant qu'une fraction de ces gains soit placée par leurs soins dans une structure dite d'intérêt général ou mieux encore d'utilité publique. En somme, il leur appartient de créer une fondation. Comme l'ont fait en 1998 Vincent Bolloré (qui n'est d'ailleurs pas un capitaliste TGV, mais un capitaliste tout court) ou en 2002, les époux Fourtou. Comme viennent de le faire Gérard Brémond (Pierre & Vacances) et Jean-Paul Baudecroux (NRJ) et comme envisage de la faire le « parrain » du business français Claude Bébéar.

Il a tendu la main aux jeunes

Mille neuf cent dix-neuf avait été une année doublement déterminante pour le jeune Léon Salavin. D'abord, à 33 ans, il succédait à son père Joseph, un Dauphinois monté à Paris pour fonder la chocolaterie qui porte son nom. Installée porte d'Orléans à Paris, l'usine Salavin produit des bouchées et des tablettes qui font les délices des gourmands de la Belle Époque. Pour Léon, 1919 est aussi l'année de son mariage avec Jeanne Fournier, fille d'un grand traiteur, et fervente catholique comme lui. Le couple va donner une impulsion décisive à la chocolaterie. Léon fourmille d'idées que son épouse accompagne avec efficacité et douceur. Il va jusqu'à concevoir les machines à confectionner de nouvelles sortes de chocolats et ouvre une quinzaine de magasins dans les beaux quartiers de la capitale. En interne, le couple pratique un paternalisme bon enfant. Et, comme la réussite professionnelle est au bout du chemin, les Salavin deviennent riches, ce qui permet à Léon d'assouvir sa passion pour la peinture. Il arpente les galeries, il court les musées, il traine à Drouot, il côtoie les amateurs d'art et, enfin sûr de ses goûts, il se met à acheter, avec une préférence marquée pour les primitifs flamands et les impressionnistes.

Le bonheur des Salavin n'est cependant pas complet. Il leur a manqué, en effet, d'éprouver les joies de la paternité. Leurs tableaux seront leurs enfants. Au début des années 1970, la collection est devenue impressionnante. Franz Hals fait bon ménage avec Van Gogh, et Fra Angelico avec le Tintoret. Sans oublier Degas, Monet ou Cézanne. Mais la santé de Léon décline. En 1972, à l'âge respectable de 86 ans, il décroche et vend son affaire. Les époux éprouvent alors le singulier et salutaire besoin de « faire quelque chose ». Tous deux considèrent que ce qui leur a été donné doit être à son tour redonné. Leur idée est de « tendre la main à des jeunes guidés par une vocation, mais confrontés malgré leur persévérance et leurs qualités incontestables à des difficultés diverses ». Ainsi sont présentés les « prêts d'honneur Salavin » dans la plaquette qui leur a été consacrée par la Fondation de France. Cet organisme d'un genre tout à fait particulier est né en 1969, sous les auspices du général de Gaulle et d'André Malraux, avec notamment pour mission de « créer des fondations sous son égide et de les soutenir dans leur action généreuse ». Les particuliers apportent des capitaux, la Fondation s'engage à les gérer avec ses banques partenaires, et les deux parties fixent le mode de fonctionnement de la nouvelle structure, dont le destin est évidemment de survivre à ses initiateurs. Le produit de la vente de la collection des Salavin, qui vaut en 1973 l'équivalent de 10 millions d'euros actuels, servira à nourrir une institution qui fêtait en 2004 sa trentième promotion. Léon Salavin aura réalisé, quant à lui, son vœu en assistant à la toute première cérémonie de remise de prêts d'honneur. Jeanne, qui disparaîtra centenaire, accompagnera seize promotions supplémentaires. Le nom des fondateurs n'apparaîtra qu'à leur décès.

Tel n'est pas le cas d'un autre grand amateur d'art, François Pinault, l'autodidacte entrepreneur breton, passé en trente ans du commerce du bois à la grande distribution

(Le Printemps, la Fnac, Conforama, etc.) et au luxe (Gucci, Yves Saint Laurent). En 2002, il annonce son intention de constituer une fondation à construire sur l'île Séguin, symbole de Billancourt et de l'aventure de l'automobile, dans laquelle sera logée sa prestigieuse collection d'œuvres d'artistes contemporains (Pollock, Rothko, Jones, Poliakoff, etc.). Et dont la direction sera confiée à l'ancien ministre de la Culture Jean-Jacques Aillagon. Il ne s'agit pas en l'occurrence de favoriser ou de soutenir une activité, mais tout simplement de mettre à la disposition du plus grand nombre des tableaux dont la contemplation était réservée aux intimes de leur propriétaire. Ce faisant, Pinault, qui n'a pas toujours eu bonne presse, démontre à tous les Français que la fortune ne sert pas uniquement à s'enrichir. S'il le mène à son terme, son projet culturel marquera un coup d'arrêt au processus d'accumulation capitalistique. Combien de collectionneurs français ont eu ce réflexe ? Les noms du célèbre galeriste Aimé Maeght et de Dina Verny, le modèle du sculpteur Maillol, viennent spontanément à l'esprit. Mais, au delà, le terrain paraît pauvre. En France, on garde ses trésors jusqu'au bout. On pratique en revanche la dation, c'est-à-dire le paiement des droits de succession en nature. La philanthropie est en quelque sorte déléguée aux héritiers par testament. Des initiatives comme celle de Pinault paraissent honteusement isolées dans un pays réputé pour son patrimoine historique et bien nanti du côté du son patrimoine tout court.

L'ENTREPRISE DE FIN DE VIE

Francis Charhon, directeur général de la Fondation de France, se présente comme un « ensemblier philanthropique ». Sa maison fait en effet tourner cinq cents fondations mises en route par des particuliers et dont l'activité va de la recherche sur les composants du parfum à l'observation des techniques de reproduction des manchots. À ces estimables initiatives s'ajoute une centaine de legs de la part généralement de couples sans enfants, comme les Salavin, dont la Fondation se sert conformément aux volontés des défunts donateurs. On peut se réjouir de constater que cette structure originale ait connu un certain succès. On peut tout aussi bien déplorer son relativement faible écho. Que représentent en effet les capitaux annuellement légués à la Fondation ? Moins de un pour mille de la richesse transmise en 2000 est venu grossir ses coffres. À se demander si les Français sont conscients du fait que toute donation à une telle structure échappe aux droits de succession. Or, depuis 1984, ces droits sont confiscatoires. En ligne directe, le taux de 40 % est atteint dès 1,7 million d'euros par part. Ce taux guette les héritiers de tous les capitalistes à grande vitesse de ces dernières années. Les créateurs d'entreprise qui vendent leur affaire, encaissent le produit et perdent le bénéfice de l'exonération d'ISF de l'outil de travail sont logés à la même enseigne. Que ne prennent-ils exemple sur les Salavin ? En logeant une partie de leurs capitaux dans une fondation dont l'activité sera conforme à leurs vœux, ils apporteraient une contribution utile à la société, en franchise totale de droits et en réduisant le montant de leur patrimoine imposable.

Et puis, la fondation représente l'ultime création de l'entrepreneur, son « entreprise de fin de vie ». Restituer une partie de sa fortune représente aussi pour lui un moyen unique de démontrer sa reconnaissance pour ce que la vie, la société, les consommateurs, la Bourse, les travailleurs, peu importe, lui ont permis de réaliser. On ne fait pas fortune tout seul. C'est ce qu'avait bien compris Gérard Leducq, le fondateur des blanchisseries Elis, devenues une multinationale du nettoyage. À l'occasion de la vente de son entreprise, en 1996, Leducq a mis en route la plus importante fondation privée de France, dotée d'un capital d'un milliard de dollars et orientée vers la recherche dans le domaine cardiovasculaire. Il s'est lancé dans cette nouvelle aventure avec la même fougue qu'il avait mise à bâtir son empire. Une exception ? Plutôt, car Leducq présentait comme particularisme d'avoir vécu dix ans outre-Atlantique et de s'être pénétré de culture américaine. Et aux États-Unis, un homme comme lui n'aurait pas eu l'idée d'agir autrement. Selon les travaux effectués par deux universitaires américains, au-delà d'une fortune de 20 millions de dollars, 35 % de sa valeur va au fisc, 41 % aux œuvres, fondations en tête, et moins du quart aux héritiers[1]. Le fort degré d'acceptation du capitalisme par les Américains n'est pas étranger au fait qu'aucun grand patron d'industrie n'a manqué de créer une telle structure. À commencer par les bandits de grands chemins, ces capitalistes sauvages sans foi ni loi de la fin du XIXe siècle, les *robber barons* aux patronymes désormais prestigieux comme Vanderbilt, Carnegie, Mellon ou Rockefeller. Avis aux « deux cents familles » françaises chères aux journalistes de *Challenges*. Le patrimoine professionnel de la moins dotée de ces familles dépasse 50 millions d'euros[2]. Voilà donc deux cents créateurs potentiels de fondations…

Ce qui est vrai pour les super-riches qui ont des héritiers en ligne directe devrait *a fortiori* s'appliquer à ceux qui n'en ont pas. Or ils représentent le tiers du nombre des successions. Les droits exigés des donataires dépassent alors très rapidement 50 %. Que la moitié et plus encore du produit du travail de toute une vie finisse dans les caisses du Trésor public a de quoi désespérer tout accumulateur qui se respecte. David B., le buraliste d'Oran amateur d'obligations aurait pu créer une fondation à son échelle.

Il y a aujourd'hui en France moins de deux mille fondations, dont près de cinq cents ont reçu le label d'utilité publique de la part du Conseil d'État, plus de cinq cents sont abritées par la Fondation de France et près d'un millier par l'Institut de France. Il s'agit d'un chiffre brut. Le nombre de fondations « vivantes » ne dépasserait pas les six cents. À comparer aux neuf mille *charity trusts* britanniques, aux huit mille *Stiftungen* allemands et aux soixante mille *foundations* américains. Il se crée actuellement une vingtaine de fondations par an en France, contre une centaine en Suède et près d'un millier en Allemagne, où un dispositif fiscal fortement incitatif a été introduit en 2000. Ces fondations ne sont pas toutes géantes, loin de là. Outre-Atlantique, à côté des prestigieuses fondations Ford, Rockefeller, Carnegie, Intel ou Packard, les micro-institutions prédominent. La plupart des fondations sont familiales et gérées par quelques bénévoles, parfois par un salarié. Elles distribuent des bourses, financent un lit dans une maison de retraite, une aile du musée local. Commentaire d'un connaisseur du sujet, « ces petites fondations permettent à des citoyens dont la fortune n'est pas nécessairement exceptionnelle d'exprimer leur attachement à leur ville ou à leur université et d'apporter leur contribution à l'intérêt général à leur manière ». Et de conclure vigoureusement : « Aux États-Unis, l'intérêt général n'est pas l'apanage exclusif de l'État. »

Il s'agit d'un élément de réponse à la question : pourquoi les Français sont-ils si peu concernés par cette forme de solidarité active ? Francis Charhon risque une explication. « D'abord, en France, observe-t-il, il n'y a pas de culture de fondation, comme aux États-Unis, car chez nous, contrairement à chez eux, les enfants ont des droits[3]. Ensuite, ce type de structure n'a pas bonne presse. Autrefois, la fondation était assimilée aux biens de main morte dont l'Église se servait de manière peu productive. Ce temps est révolu. Mais depuis la loi de 1901 sur les associations, les fondations sont perçues comme des outils permettant aux gens riches de se faire plaisir. » Et si quand bien même c'était effectivement le cas, la société française n'en est-elle pas la bénéficiaire ? Ajoutons que dans un pays où le manque d'esprit d'entreprise et la surprotection sociale freinent la création d'emplois, les fondations (et, plus généralement, les associations) représentent un vivier aux potentialités considérables. Les fondations « de riches » ont en outre le mérite de ne pas dépendre des exigences et des contraintes de l'argent public qui représente en France 60 % des ressources des associations, contre 30 % dans un pays comme la Suède, dont la conscience sociale n'est plus à démontrer[4].

Par rapport à d'autres pays, deux spécificités bien françaises ont freiné la création de fondations. La première, c'est évidemment, comme l'a évoqué Francis Charhon, le code civil et la règle successorale de la réserve héréditaire privilégiant les héritiers en ligne directe. « Au décès de l'initiateur d'une fondation, explique Me Olivier Binder, qui connaît le sujet sur le bout des doigts, les réservataires peuvent espérer récupérer les actifs de la fondation à hauteur des droits dont ils estiment avoir été frustrés. » Autant pour le droit, mais imagine-t-on des enfants rapaces au point de défaire une œuvre philanthropique ? « Il n'est pas inutile de les associer dès le départ au destin de la fondation », plaide avec réalisme Me Binder.

RIEN SANS L'ÉTAT

L'autre obstacle à l'émergence des fondations relève de la tradition étatique française (et sans doute de la volonté des pouvoirs publics de ne pas laisser les intérêts privés empiéter sur leur domaine réservé). Non seulement, pour être jugée d'utilité publique, une fondation doit-elle être reconnue par le Conseil d'État, mais, surtout, jusqu'à une date récente, elle devait accepter à son conseil, avec voix délibérative, un ou plusieurs représentants des ministères chargés de sa « tutelle »[5]. Ces fonctionnaires avaient une capacité de nuisance dans l'hypothèse où les projets de la fondation les indisposaient. Préparée de longue date par Me Binder et les animateurs de l'association Admical qui milite de longue date pour le mécénat d'entreprise, la loi Aillagon d'août 2003 remplace le ou les représentants de la tutelle par un commissaire du gouvernement avec une simple voix délibérative. Cette loi accélère le processus de reconnaissance par le Conseil d'État, qui passe en principe de dix-huit à six mois et elle introduit un concept très innovant, celui de « fondation de flux ». Alors que précédemment une fondation ne pouvait dépenser que les revenus et les plus-values du capital dont elle est dotée à l'origine, désormais son ou ses fondateurs pourront s'engager à verser un montant annuel pendant une durée déterminée ou non. Les fondations pourront donc financer des projets spécifiques. Elles n'auront plus besoin d'être créées pour l'éternité. Les obstacles juridiques à leur développement sont donc levés. Dernière gâterie, à l'intention des victimes de l'ISF : une circulaire des Finances les autorise désormais formellement à offrir temporairement l'usufruit de leurs actifs à toute association reconnue d'intérêt général ou d'utilité publique. La voie de la générosité est toute tracée pour les riches. C'est nouveau.

Un concurrent pour le CNRS

Rêvons un instant. Liliane Bettencourt, la fille unique d'Eugène Schueller, le fondateur de l'Oréal, est depuis longtemps classée comme la femme la plus riche de France (et même d'Europe). L'Oréal est en effet le leader mondial des cosmétiques, une industrie à la fois traditionnelle et moderne. Et elle a hérité, indirectement, de 27,5 % de son capital via une société holding Gesparal contrôlée à 51 %, et qui est actionnaire à hauteur de 53,8% de l'Oréal. En 1987, discrètement, comme elle en a l'habitude, Madame Bettencourt a mis en place une fondation, portant son nom et celui de son père et alimentée par les dividendes tirés de Gesparal.

Disposant fin 2003 de 117 millions d'euros d'actifs, la FBC se propose de « donner de l'élan à ceux qui ont de l'audace » et de « permettre à des projets utiles de voir le jour ». Elle a financé des travaux originaux de jeunes biologistes aussi bien que le film *Le Peuple migrateur*. Puisqu'il s'agit de rêver, la FBC ne pourrait-elle pas voir sa taille multipliée par cent ? Deux décisions ont affecté ces dernières années la fortune de Madame Bettencourt. D'abord, la nue-propriété des actions Gesparal a été transmise à sa fille Françoise Meyers, mariée et mère de deux enfants. Ensuite, en avril 2004, Gesparal, dont le géant suisse Nestlé contrôlait 49 % du capital, a été dissoute. Françoise détient donc la nue-propriété de 185 millions d'actions l'Oréal. Valeur approximative : 10 milliards d'euros.

Que peut apporter une telle somme à une mère de famille bien élevée et aux goûts simples ? Des jalousies, des angoisses et la perspective de devoir payer, en cas de malheur, des impôts extravagants. Admettons maintenant que Mme Meyers garde à terme, 2,5 % du capital de l'Oréal, soit un gros milliard d'euros, pour son usage personnel et qu'à l'instar de grands groupes comme le néerlandais Philips ou l'allemand Siemens, elle confie les 25 % restants à FBS. Si elle disparaissait subitement, ses héritiers économiseraient 4 milliards d'euros de droits ! Dotée d'un capital de 9 milliards d'euros, la FBC serait *de facto* une superfondation susceptible de devenir, par exemple, le bras armé du renouveau de la recherche française. S'il restait libellé en actions l'Oréal, son capital ne lui permettrait cependant pas de dépenser plus 100 millions d'euros par an. Les dividendes du groupe de cosmétiques sont en effet limités. Quant au capital de l'Oréal, si les actions détenues par la FBC avaient le droit de voter (ce qui n'est pas certain dans l'état actuel du droit français), il serait aussi bien protégé contre les prédateurs que si ces titres étaient restés dans la poche de Françoise Meyers. On peut imaginer une autre solution où, comme une « fondation de flux » la FBC soit progressivement alimentée par la cession de titres de Mme Meyers, Nestlé s'engageant bien entendu à réduire sa participation au même rythme. Au terme du processus, le capital du leader mondial des cosmétiques serait totalement éclaté, une situation normale pour une entreprise de cette taille. Tandis que, forte de son trésor de guerre, la FBC pourrait dépenser plus de 500 millions d'euros par an. N'est-ce pas un objectif plus exaltant que de gérer 10 milliards d'euros « en bon père – ou en bonne mère – de famille » ?

LES VOIES DIVERGENTES DE DEUX MAÎTRES DU MONDE

Dans un domaine aussi personnel, chacun est évidemment libre de choisir entre l'accumulation et la dépossession. On observera d'ailleurs avec intérêt que les deux hommes les plus riches du monde ont suivi des voies apparemment divergentes. En tête du hit parade mondial de la fortune publié chaque année par le magazine *Forbes*, Bill Gates, 48 ans et 46 milliards de dollars à son actif fin 2003. Gates est un entrepreneur. Il a fondé Microsoft, le champion du monde des systèmes d'exploitation, ces programmes qui font tourner les ordinateurs. À la faveur de l'explosion de la micro-informatique, sa firme a eu le génie de s'insinuer, partout, dans les programmes permettant d'utiliser les ordinateurs (Word, Excel, etc.) comme dans les programmes permettant de se promener ou de dialoguer sur Internet (Explorer, Outlook, MSN). La position dominante qu'elle a acquise lui a valu autant de procès que de virus. Désormais président non opérationnel, Gates s'est progressivement tourné vers d'autres activités. Il vit simplement avec son épouse et ses trois enfants, dans une maison de 4000 mètres carrés tout de même, sur les bords du lac Washington. Il est propriétaire de deux Porsche et d'une Mustang. Il collectionne, avec modération, les peintres américains, sa préférence le portant vers les impressionnistes.

Que faire de son immense fortune ? L'affaire paraît déjà réglée pour l'essentiel. Les époux Gates ont logé dans des trusts les capitaux nécessaires au bien-être futur de leurs trois enfants, soit, dit-on, une dizaine de millions de dollars chacun. Mais l'essentiel de leur patrimoine est destiné à nourrir, par la vente progressive de leurs actions Microsoft[6], les fondations qu'ils ont mises en place. Elles ont été fusionnées en 2000 dans une gigantesque *Bill & Melinda Gates Foundation* dont les actifs (27 milliards de dollars à fin avril 2004) en font la première organisation à but non lucratif au monde. Présidée par le père de Bill, elle s'est fixée comme pot-pourri de missions de pourvoir aux besoins de vaccins dans le monde (notamment contre la polio, le paludisme et, un jour, le sida), de financer la remise en état de bibliothèques, et d'aider les communautés défavorisées d'abord des états d'Oregon et de Washington, puis dans certaines grandes villes de l'est du pays. Son budget annuel approche des 2 milliards de dollars. La décision spectaculaire prise par Microsoft de distribuer 75 milliards de dollars de dividendes à ses actionnaires au cours des trois prochaines années va en outre donner à ce budget géré avec une rigueur tout américaine une impulsion supplémentaire. Gates va en effet encaisser plus de 10 % de ces dividendes… au profit de sa fondation.

À un âge très tendre, Gates a clairement choisi la dépossession. Son challenger au palmarès des fortunes mondiales voit les choses très différemment. On appelle Warren Buffett, 73 ans, le « sage du Nebraska » ou l'« oracle d'Omaha », sa ville natale (et, encore à ce jour, son lieu de résidence). Comme Gates, Buffett est un provincial issu de l'Amérique profonde. Et, comme lui, il vit de manière peu ostentatoire. Sa fortune ? Les quelque 43 milliards de dollars à son actif, ils les doit à son flair pour les investissements en Bourse. Depuis plus de quarante ans, Buffett gère un fonds d'investissement, Berkshire Hathaway, dont la vocation est de prendre des participations « significatives » (de l'ordre de 10 %) dans des sociétés disposant d'un bon potentiel, mais injustement traitées par la Bourse. Les financiers appellent son approche le *value investing*, ou investissement en actions sous-évaluées. Autant dire qu'elle s'est avérée payante. Buffett est le premier actionnaire de Coca-Cola, de Gillette, de Disney et de la banque Wells Fargo. À force de grossir, le poids boursier de son fonds est devenu gigantesque. Et il en détient un gros tiers à titre personnel. Pour la petite histoire, les chefs d'entreprise américains ont l'habitude de réduire la valeur nominale de leurs actions chaque fois que leur cours de Bourse atteint les 100 dollars, histoire que Monsieur Tout le Monde puisse en acheter facilement. Buffett s'y est toujours refusé. Aussi, l'action Berkshire Hathaway a-t-elle valu près de 100 000 dollars. Le porteur peut ainsi mesurer ce qu'il aurait gagné s'il avait souscrit à l'origine, en 1970, à 10 dollars seulement. Mais qui peut acheter aujourd'hui ?

Devenu, ces dernières années, le véritable père de la vertu du capitalisme américain, en fustigeant la rapacité de dirigeants dévoyés et en prêchant l'orthodoxie des pratiques comptables et l'indépendance des administrateurs, Buffett, qui donne parcimonieusement aux *charities* (œuvres), profère sans surprise des idées assez conventionnelles en matière de transmission. Il approuve totalement l'initiative des « cent vingt » pour le maintien des droits de succession. Il a l'intention de ne rien laisser à ses enfants avant son décès. Mais après ? Mystère. Le sage est muet sur ce sujet. Il n'est pas exclu qu'il ait en vue une fondation *post mortem*. Pour l'heure, il est plutôt fier de penser que, le jour où il tirera sa révérence, il n'aura pas été l'homme le plus riche, mais le plus gros contribuable des États-Unis.

Deux super-riches, deux stratégies contradictoires. En apparence, car Buffett peut encore décider de se déposséder. En attendant, que deviendra l'action Berkshire Hathaway le jour où son fondateur aura lâché la barre, soit les pieds devant, soit parce qu'il en aura décidé ainsi ? Pour l'heure, Buffett s'enrichit, encore et toujours (on imagine volontiers qu'il s'amuse aussi), mais pour le profit de qui ? Outre le sien, celui de plusieurs milliers de « petits » porteurs qui le suivent avec une ferveur quelque peu entachée de suspicion[7]. Car leur admiration se nourrit des plus-values qu'il leur permet de réaliser. De Buffett ou de Gates, lequel prendre comme modèle ? Ce choix a-t-il un sens ? Il s'agit, évidemment, des deux hommes les plus riches du monde. Ils sont de plus tous deux Américains, ce qui ne les rendra pas sympathiques à tous les Français. Enfin, leur pays n'a pas notre code civil.

Un tel choix est révélateur de deux visions différentes du monde et de la place qu'y occupe l'homme. Si le monde dans lequel nous aurons eu l'opportunité de passer quelques dizaines d'années est absurde, alors, après moi le déluge, Buffett a raison. En revanche, si ce monde a du sens, si plus encore il a une direction, alors Gates gagne, car il apparaît déjà, de son vivant, comme le plus grand bienfaiteur de l'humanité à ce jour. Ce titre est sans doute plus enviable que celui de premier contribuable des États-Unis d'Amérique.

Revenons cependant sur terre. L'immense majorité des particuliers n'est pas confrontée aux choix de milliardaires. En revanche, tout un chacun est en droit de se demander, au crépuscule de sa vie, s'il peut encore lui trouver du sens. Et si oui, lequel ?

-8-

L'ÂGE D'OR

À QUOI BON NOUS DÉPOSSÉDER, à quoi bon partager si nous devons vivre de plus en plus longtemps ? Répondre à cette question, c'est envisager son contraire : pourquoi accumuler quand on n'est plus en âge de bâtir des projets matériels ? Nelson Rockefeller, le fondateur du groupe pétrolier qui s'appelle désormais Exxon, et devenu, à ce titre, l'un des hommes les plus riches des États-Unis est interpellé un jour par un journaliste. « Pour vous, avoir assez d'argent, c'est quoi ? » La réplique fuse : « C'est en avoir juste un peu plus. » Toute la société de consommation contemporaine repose sur cette formule. Mais que vaut-elle à 75 ans ? Chaque euro mis de côté à cet âge rappelle étrangement le « talent » enfoui de la parabole ! Si courant soit-il, le comportement d'accumulation ne s'explique, passé un certain âge, que par une relation trouble à l'argent ou, plus généralement, aux biens matériels. On ne peut pas s'en passer, ils deviennent une raison d'être (l'unique ?) et leurs détenteurs deviennent tout naturellement « possédés par leurs possessions ». Ils vivent au rythme des embardées du CAC 40 ou des emballements de l'hôtel Drouot. Au risque d'hypothéquer ce qui reste de sentiments paternels. Harpagon n'est en effet jamais très loin. Et l'avarice, tous les psychologues le savent, est l'un des attributs du grand âge.

LES VIEUX ONT TOUTE LEUR TÊTE

« Ils ne se rendent pas compte, ils n'ont pas toute leur tête » entend-on souvent dire à leur décharge. Et si leur comportement relevait en partie de la ruse ? Françoise Forette, le plus célèbre des gérontologues français, constate dans *La Révolution de la longévité* [1], que « contrairement à ce que pense le commun des mortels, le vieillissement en soi ne constitue jamais une cause de détérioration intellectuelle… Le cerveau de l'homme plus âgé peut qualitativement accomplir toutes les tâches nécessaires ». Simplement, il lui faut un peu plus de temps que lorsqu'il était plus jeune. Le professeur Forette rappelle aussi dans cet ouvrage que moins de 5 % des Français âgés de plus de 65 ans sont atteints d'altérations intellectuelles. Les 95 % restants n'ont donc pas perdu le Nord…

Confidence d'un gérant de portefeuille : « Je commence à avoir des clients centenaires, dont les enfants ont autour de 80 ans. Eh bien, la dégradation de leurs rapports est dramatique. Les centenaires se plaignent que leurs enfants sont méchants avec eux, tandis que les octogénaires se plaignent que leurs parents ne veulent rien donner. » Spectacle grotesque et dérisoire que ces déchirements de vieux, quand on songe aux difficultés d'insertion de leurs… arrière-petits-enfants. Or, des centenaires, en 2050, il y en aura cent cinquante mille en France. Et, si rien ne change d'ici là, il y a de fortes chances qu'un certain nombre d'entre eux soient fortunés ! Les donations en franchise d'impôt aux petits-enfants sont une heureuse initiative suggérée par les notaires et retenue par le gouvernement Jospin, puis améliorée par le gouvernement Raffarin. Si elles ne résolvent pas les litiges avec les enfants, de telles donations déverrouillent tout de même certaines situations.

Suggestion d'un ancien banquier qui a beaucoup donné à ses enfants, tout en sentant que, par rapport à son environnement familial, son initiative avait un caractère isolé et donc singulier : « Médiateur dans la transmission des biens familiaux me paraît un métier d'avenir. Les notaires sont malheureusement défaillants. Or les besoins sont immenses. » Tel conseiller en gestion patrimoniale exerce déjà ce métier, à titre personnel. Il tente actuellement d'organiser la transmission à ses deux fils du patrimoine immobilier de Martin M., entrepreneur à la retraite âgé de 88 ans. D'une valeur de 4,5 millions d'euros, son patrimoine en rapporte 170 000 par an, ce qui n'est pas d'une folle rentabilité. Le train de vie annuel du patriarche et de son épouse ne dépasse pas 20 000 euros, soit environ le dixième de ce qu'ils gagnent. Aussi, une fois acquittés 40 000 euros de charges et une note fiscale particulièrement salée (85 000 euros), il leur reste encore quelques dizaines de milliers d'euros à mettre de côté. L'accumulation de richesse poursuit inexorablement son cours. Car papy ne veut pas lâcher. « J'ai tout créé, j'ai tout perdu deux fois, j'ai fait fortune et mes enfants sont des incapables. Ils vont dilapider le fruit d'une vie d'efforts... »

« La parabole du fils prodigue, soupire le conseiller. Pour débloquer le dossier, il faut que l'aversion à l'égard du fisc l'emporte sur le mépris pour les enfants. » Triste perspective et dramatique fin de vie. Car Martin est atteint d'un cancer. Il est donc vivement invité à prendre une décision.

LA JOUISSANCE DE DONNER

Autre cadre, autres mœurs. Michèle S., 55 ans, se souvient du jour où, à la veille de ses cinquante ans et au lendemain du dix-huitième anniversaire de son fils Clément, elle lui a donné son unique bien immobilier, un appartement à Val d'Isère : « Le notaire était impressionné. Il n'avait jamais vu une donatrice aussi jeune. Il m'a d'ailleurs demandé si mon geste était bien raisonnable. Je l'ai fait pour que mon ex-époux ne considère pas cet appartement comme le sien. Nous étions fiers, Clément et moi, d'avoir signé ces papiers. Il y a une vraie jouissance à donner. »

C'est ce qu'a toujours pensé Marie-Thérèse van den B., une Brugeoise célibataire qui, à l'âge charnière de 75 ans, a effectué, en franchise d'impôt comme le permet la fiscalité belge, un don manuel de l'équivalent de 3 millions d'euros à ses dix-sept petits-enfants (sic !). Une condition a été mise à ce don : qu'elle puisse tirer tous les ans de ce portefeuille de quoi couvrir ses dépenses. Le contrat de rente viagère a été scrupuleusement respecté. Et Marie-Thérèse a vécu dix-neuf ans dans l'harmonie familiale. Elle avait intuitivement compris cette très belle observation du psychologue germano-américain d'origine allemande Erich

Fromm « la plupart des gens ignorent que lorsqu'ils ont abandonné la béquille de la propriété, ils peuvent utiliser leurs propres forces pour marcher[2] ».

Tout ce qui n'est pas donné est perdu est le titre d'un recueil de pensées du père Ceyrac[3] que ce jésuite, dont la vie a été consacrée aux orphelins indiens, a tiré d'un texte sanscrit remontant à la nuit des temps. Dans *Le Prophète*[4], le penseur libanais Khalil Gibran écrit :

« Voudriez-vous garder quoi que ce soit ? Tous vos biens seront un jour distribués. Donnez donc maintenant : que la saison du don soit vôtre et non celle de vos héritiers. »

À quoi serviront nos possessions le jour de notre mort ? Les linceuls n'ont pas de poche, dit le bon sens populaire, qui ajoute : on n'a jamais vu un coffre-fort suivre un corbillard.

« Plus on devient vieux et plus on a envie de donner. » L'homme qui tient ces propos singuliers a 89 ans. Il a été un ingénieur compétent, un cadre supérieur responsable, un citoyen méritant et même un président de conseil presbytéral actif. Et, précision utile, un curieux insatiable. Antoine K. a pris le temps de mettre le grand âge en perspective. « À 55 ans, par exemple, on ne se rend pas compte qu'on a encore au moins trente ans à vivre, soit plus de la moitié de son âge. On devrait s'y préparer comme pour un examen. Ensuite, une fois à la retraite, le danger, c'est que la nature se remplit sans difficulté avec du vide. En région parisienne, ne rien faire est un comportement très porteur. Surtout que moins il vous reste de temps et plus on devient lent. Or il est indispensable de s'occuper, d'être actif, de se rendre utile. Même si les responsabilités sont de plus en plus limitées, elles sont bonnes à prendre. Elles vous donnent envie de vous lever le matin. »

Le partage et le don font partie intégrante du système de vie d'Antoine. « Ma famille a toujours eu des maisons. Elles représentent une manière de fixer les gens, d'entretenir des liens. Mais une maison coûte de l'argent. Il y a cinquante ans déjà que nous avons transmis à notre fille aînée le premier étage de la nôtre. Je n'allais tout de même pas attendre qu'elle soit en préretraite ! Aujourd'hui, mes enfants ne demandent qu'à prendre le relais. Si je casse ma pipe demain, il ne se passera rien. » Et si on lui annonçait que ses jours étaient comptés ? « Je planterai un arbre. »

L'ALIBI DU MÉRITE

Ceux à qui nous pourrions donner le méritent-ils ? Pouvons-nous réellement répondre à cette question et préjuger de l'affectation qui sera faite de nos dons ? S'il s'agit de la famille, la rétention ne durera qu'un temps et il se passera ce qui doit de toute façon se passer. Quant à la récupération de l'héritage par des associations ou des fondations, à moins de s'appeler Bill Gates qui impose à sa gigantesque structure des critères de gestion d'une implacable rigidité, toute personne qui a fait l'expérience de la vie associative sait à quel point elle peut être le siège de conflits d'ego comme de déperditions d'énergie. Alors, ne doit-on donner qu'aux méritants ? La question du mérite est pourtant essentielle dans la mesure où elle représente un formidable alibi au *statu quo* et donc à la poursuite inexorable du phénomène d'accumulation. Pour Khalil Gibran, nous sommes de piètres juges :

« Les arbres de vos vergers ne tiennent pas de tels discours, ni les troupeaux de vos pâturages. Ils donnent afin de vivre, car receler, c'est périr. Celui qui est digne de recevoir ses nuits et ses jours est certainement digne de recevoir tout ce que vous pourriez lui donner. »

Quand on entreprend de franchir les derniers cols de sa vie, pour éviter toute fatigue inutile, il faut commencer par voyager léger. Et nos bagages, ce sont nos possessions, nos biens, notre argent. Pour reprendre Gibran, et beaucoup d'autres philosophes, religieux ou poètes, à quoi nous serviront ces biens le jour de notre mort ? Leur inutilité représente l'ultime raison de nous déposséder avant qu'il ne soit trop tard. Car ces possessions encombrantes rendront de précieux services à d'autres, qu'ils les méritent ou non. Quant à nous, en être débarrassés nous désencombre l'esprit, soulage nos angoisses matérielles et nous rend donc plus disponibles pour d'autres défis. Si tant est que la préconisation de Guizot puisse avoir un sens dans le grand âge, il nous faut trouver ailleurs que dans l'épargne, devenue inutile et le travail, devenu trop fatigant, le moyen de nous « enrichir », mieux encore d'enrichir le monde. Car, redisons-le, pour la première fois dans l'histoire de l'humanité, une population de grands seniors *papyboomers* sera numériquement dominante. Comment faire en sorte qu'elle ne laisse pas aux générations qui la suivront la remarque amère : « Qu'as-tu fait de ta vieillesse ? »

CES ANNÉES ARRACHÉES À LA MORT

Imaginons un instant que le partage soit en route, que surgisse une génération de seniors convaincus que « moins, c'est plus » et donc que, faute d'avides auditeurs chenus, comme il en restait encore en 2004, *France Info* ait supprimé les insipides listes de cours de clôture en Bourse qui encombrent sa grille du soir. Une fois réglées leurs affaires financières, que peuvent faire les vieux pour changer le monde ? En ont-ils d'abord la moindre ambition ? Sûrement que non. Mais ils ne se rendent pas encore compte de leur force collective, sinon aux États-Unis où, avec ses trente-six millions d'adhérents, la AARP (*American Association of Retired Persons*) est devenue le plus gros lobby *in the world*. Si les Américains avaient eu la bonne idée de « mourir fauchés », l'AARP n'aurait pas connu un tel succès. Son objet est en effet de défendre les intérêts matériels de ses adhérents. La dépossession n'est pas son genre de beauté. Continuons à imaginer ce que pourrait représenter, dans la pratique, la « révolution de la longévité », un terme inventé au cours des années 1980 par le gérontologue américain Robert Butler et devenu une source d'inspiration non seulement pour le professeur Forette, mais pour l'historien, essayiste et romancier américain Theodore Roszak, qui en a, lui aussi, fait le titre d'un livre[5].

Relevant le nombre de décennies supplémentaires que dureront nos vies par rapport à celles de nos parents et de nos grands parents (en 1900, l'espérance de vie à la naissance était de quarante-cinq ans), Roszak suggère à juste tire de prendre ces années pour « une ressource culturelle et spirituelle arrachée à la mort comme les polders hollandais ont été pris à la mer. Pendant ce temps, écrit-il, toute personne n'ayant plus besoin d'élever une famille, de plaire à un patron ou de gagner plus d'argent aura l'occasion de s'associer à d'autres pour construire une société plus fraternelle où les gens pourront se plonger dans de profondes pensées, créer du beau, étudier la nature, enseigner aux jeunes, honorer ce qu'ils ont de sacré et s'occuper des autres ».

Pourquoi adhérerait-on à une telle vision, si éloignée de ce que nous observons ? Le psychologue austro-américain Erik Erikson a commencé sa carrière comme spécialiste de l'enfance et l'a terminée, à l'âge de 90 ans, comme spécialiste… du grand âge. Dans son ultime ouvrage, *The life cycle completed* [6], il a apporté la touche finale à une théorie selon laquelle chacune des huit étapes de la vie qu'il a identifiées est marquée par une crise qui lui est propre. L'individu est alors confronté à une alternative, dont les deux termes sont l'un porteur, l'autre régressif. Et, pour choisir le bon, chacun dispose d'une carte maîtresse, d'un atout. À titre d'exemple, le défi lancé au jeune adulte (sixième étape) est celui de l'intimité. S'il ne la crée pas avec un autre, alors il se condamne à l'isolement. Selon Erikson, la carte à jouer à cette étape de la vie est celle de l'amour. De même, si l'âge adulte n'est pas sanctionné par une réalisation qui prolonge l'individu, qu'il s'agisse de la conception et de l'éducation d'un enfant, de l'accomplissement d'un travail ou du pilotage de la génération suivante, alors, le prix à payer est la stagnation. L'atout est en l'occurrence la capacité de don. Au huitième et ultime stade de la vie, la prise de conscience de la proximité de la mort devient aiguë quand sonne l'heure du bilan. « Dérouler le fil de notre vie nous permet de comprendre notre parcours et le monde dans lequel nous vivons », écrit Erikson. À cette étape, le choix est entre l'intégrité, fondée sur le désir de restituer au monde ce qu'on en a pris et appris et, en sens inverse, le désespoir. Et la clé du succès, c'est la sagesse.

INACTION ET DÉSESPOIR

Le désespoir imprègne la vie de nombre de grands seniors actuels. François T., 72 ans, surpris et choqué, le lit semaine après semaine sur les visages des octogénaires qu'il va visiter en tant que bénévole de l'association caritative Les petits frères des pauvres. « Ils ne font rien. Ils ne progressent plus. Tassés dans leur fauteuil devant une télévision souvent éteinte, ils ont à portée de la main une panoplie de médicaments qu'ils ne prennent pas. Et pourtant, ils ne parlent que de leurs maux. » Comble pour ce catholique pratiquant, ils ne sont plus très certains de l'existence de Dieu ! « Ils sont centrés sur eux-mêmes, ils ne voient personne, sinon leur médecin généraliste, tous les quinze jours. Leur foi a été chahutée. Ils ne vont plus à la messe et ils ne croient plus aux garanties de la vie éternelle. » Ce désespoir est une non-existence. Est-il concevable de vivre ainsi pendant dix ans et davantage ? Et François T. de hurler son indignation : « La spiritualité, c'est tout le contraire. Elle suppose de sortir du centrage sur soi-même. La seule manière de bien vieillir est de s'intéresser aux autres. » Erikson n'en pensait pas moins lorsqu'il écrivait : « En l'absence de défi personnel, la stagnation peut prendre le dessus. D'aucuns peuvent accueillir cette situation comme un répit, mais l'absence de créativité ou d'ouverture aux autres est pire que la mort. »

Nous voilà prévenus par un expert incontestable ! Mais alors, que faire de cette vieillesse ? La génération « moins, c'est plus » n'a que faire de la stagnation. Elle a déjà pris une initiative essentielle sur le plan patrimonial. Elle mesure les atouts dont elle dispose : sa condition intellectuelle, sinon physique, est excellente, elle est débarrassée de tout souci financier, elle est dépositaire d'un précieux savoir et elle a du temps. Et puis, dès lors qu'ils se sont allégés matériellement, leur esprit est libre, ces seniors-là ont envie de restituer leur acquis, qu'il soit intellectuel, culturel, moral ou purement relationnel. Ils sont même sans doute impatients de le faire. Car on les imagine volontiers souscrivant à la maxime de John Kennedy : « Ne vous demandez pas ce que la société peut faire pour vous, mais ce que vous pouvez faire pour la société. » Eh bien, la matière ne manque pas.

Harmonie familiale

Les vieux disposent certes de multiples niveaux d'implication possibles dans la vie de la cité, mais le premier maillon de la chaîne est évidemment la famille. Du temps de sa folle jeunesse, la génération du *papyboom* a, bien davantage que celles qui l'ont précédée, joué la carte de la famille. Elle a dévoré les œuvres du docteur Spock et de Laurence Pernoud, elle a voulu, pour la première fois, le bonheur de ses rejetons, fût-ce au détriment de leur « éducation », elle a effacé les barrières et les distances entre parents et enfants, tandis que la bande FM diffusait la première musique – le rock – que pouvaient partager deux générations successives.

Puis, à coup de divorces et d'égoïsmes, les liens se sont distendus. Le grand partage des soixante-quinze ans n'est-il pas l'occasion unique de ressouder les générations et de donner un nouvel élan à leurs rapports ? La générosité y contribue, même si elle ne représente pas une garantie de pérennité. Et puis, sur un autre registre, on imagine volontiers l'impulsion positive que le projet d'« association de solidarité familiale[7] » pourrait apporter aux relations entre les âges. Une telle structure donne de la noblesse et du sens à la relation familiale. Elle est de nature à consolider les liens et à entretenir un débat permanent et fécond au sein du noyau familial. Comme il en existe en Inde, un pays qui vit le même phénomène de vieillissement que l'Europe et qui pratique depuis longtemps, pour des raisons qui ne sont pas seulement économiques, la technique de la *joint family*. Dans une telle structure, plusieurs générations cohabitent sous un même toit en se rendant mutuellement service. Les grands-mères s'occupent des petits-enfants dont les mères travaillent. La génération intermédiaire, qui joue le rôle de pivot, est souvent composée de plusieurs enfants. Elle nourrit tout son monde et prend les grandes décisions. Ce type d'échanges de services, Claudine Attias-Donfut l'avait observé en son temps en France à l'occasion de son gigantesque travail sur les relations intergénérations. L'émergence d'une génération « moins, c'est plus » pourrait donner à ce genre d'organisation familiale une forte impulsion. À condition, comme en Inde (et contrairement à ce que l'on observe classiquement chez nous), que ses représentants abandonnent les attributs du patriarche et laissent le pouvoir de décision aux représentants de la génération-pivot. Les différentes générations n'ont jamais vécu comme aujourd'hui dans un isolement qui ne peut s'expliquer que par la victoire, provisoire, espérons-le, de l'égoïsme sur le partage. Osons poser la question : la grande solitude que l'on prête volontiers aux personnes d'un grand âge, n'en sont-elles pas les premières responsables ?

Dans *Longevity Revolution*, Theodore Roszak fait un étrange constat : « Les femelles humaines sont les seuls primates à vivre au-delà de la ménopause. » Elles ont même aujourd'hui trente ans devant elles. Qu'en faire ? Pourquoi la nature les a-t-elle dotées de cette capacité ? Pour répondre à cette question, il faut se plonger dans l'histoire des populations primitives, car elles avaient à la fois leurs mamies et leurs rites. Roszak adhère à la théorie d'une anthropologue spécialiste de la tribu Hazdas de Tanzanie, dont les conclusions sont que « la ménopause est un phénomène capital dans la préhistoire. Elle est à l'origine de la division initiale du travail entre les femmes nubiles et les ménopausées. Les mères accouchaient tandis que les grands-mères nourrissaient. Cette convention est à la base de la fécondité et de la mobilité humaines ». On veut bien croire l'anthropologue, mais quelle place pour les papys dans un tel dispositif ? Eh bien, qu'ils nourrissent donc !

Il ne s'agit pas d'une boutade. Les vieux en bonne santé, comme il y en a de plus en plus, seraient bien inspirés de se mettre aux fourneaux. Ils en ont généralement la capacité physique, le temps et les moyens financiers. Or, nourrir est non seulement un antidote à la solitude dont beaucoup se plaignent de nos jours, mais c'est un acte d'affection sinon d'amour. On s'est donné du mal pour les autres. Et puis, au pays des quatre cent cinquante fromages n'est-ce pas une spécialité qu'il conviendrait de cultiver ?

La famille n'est évidemment pas le seul univers dans lequel les dépossédés du troisième âge peuvent s'épanouir. La société serait bien inspirée d'exploiter davantage cette main-d'œuvre gratuite et de plus en plus abondante. Il faudra sans doute faire tomber deux obstacles psychologiques. D'abord ce que Françoise Forette appelle la « barbarie qui reste en nous » et qu'elle rencontre partout, notamment dans « la déportation des personnes âgées loin des regards effarouchés ». Dans *La Révolution de la longévité*, la gérontologue affirme : « Il nous faut vaincre notre réticence viscérale et instinctive à l'égard de notre propre vieillissement, de celui de nos proches, celui des autres, celui de l'“autre”. » C'est cette hostilité viscérale qui rend la France le pays le moins propre à accepter la modification de son paysage démographique.

L'ALLIANCE DES ÂGES

Françoise Forette n'est pas seule à expliquer les pudeurs des inactifs face à de nouveaux engagements. Dans *Age Power*[8] le gérontologue américain Ken Dychtwald reprend non seulement les thèses d'Erikson, mais les illustre par le comportement de l'ex-président Carter, un stakhanoviste de la bonne cause et l'auteur notamment d'un ouvrage consacré aux vertus de la vieillesse. Dychtwald lui demande pourquoi les personnes âgées ne participent pas plus activement au monde qui les entoure. Réponse de Carter : « Je ne crois pas qu'il s'agisse d'égoïsme. En revanche, nous sommes intimidés, nous éprouvons une certaine pudeur à l'idée de faire le premier pas dans un monde nouveau. Nous hésitons toujours à manifester notre sympathie, à partager une partie de notre vie avec des personnes qui nous sont étrangères. Du coup, nous bâtissons un cocon dans lequel nous nous réfugions. Trop de gens renoncent à tenter une expérience nouvelle et à se rendre compte qu'à 85 ans, leur vie peut se remplir d'aventure, de joie, de plaisir et de gratification. » La dernière étape du parcours n'est donc pas nécessairement une dégradation de la précédente, mais une nouvelle expérience riche de promesses. À condition, plus encore qu'à d'autres époques de la vie, de faire l'effort, d'avoir le courage d'aller vers l'autre, comme l'y invite Jimmy Carter.

Les activités sociétales auxquelles les personnes d'un grand âge sont encore susceptibles de se livrer sont d'une grande diversité. Les entreprises industrielles manquent de formateurs, les associations de « soins palliatifs » d'accompagnateurs, les écoles de répétiteurs, les grands groupes cotés en Bourse d'administrateurs indépendants, les candidats à un emploi de rédacteurs de *curriculum vitae*. Dans *Le Droit de vieillir* [9], Bernadette Puijalon, qui milite avec son co-auteur Jacqueline Trincaz pour l'« alliance des âges » observe que « les retraités sont de plus en plus nombreux à consacrer du temps aux jeunes et aux plus âgés, et ce dans les domaines les plus divers». Aux États-Unis, toujours en pointe lorsqu'il s'agit de «solidarité active», se développe même ce que les Américains appellent le *volonteer vacationing*. Des retraités payent de leur poche pour passer des «vacances» à restaurer des bâtiments publics tombés en ruine, à effectuer des relevés de faune et de flore ou replanter des terres dévastées. D'autres pratiquent les vacances de centre ville, à visiter les pauvres ou à reconstruire leurs maisons.

Dans *Age Power*, Ken Dychtwald, tout en saluant la multiplication des associations intergénérationnelles, se fait l'avocat de ce qu'il appelle un *Elder Corp* ou Corps des Anciens, par analogie avec le célèbre *Peace Corp*. Cette structure aurait pour objet de faire un plein avec deux vides, celui des millions de vieux tassés qui somnolent devant leur télé et celui des millions de jeunes en situation d'échec scolaire ou professionnel. «Un Corps des Anciens illustrerait et transmettrait, selon l'auteur, les idéaux de sagesse et de transmission du savoir dont notre culture a désespérément besoin.» On ne peut que souscrire à un tel projet.

DU GRIS DANS LE VERT

Au-delà de l'aide et de la solidarité, on peut aussi imaginer que les seniors libérés (sous-entendu de leurs revendications matérielles) défendent et soutiennent des valeurs qui conviennent à leur âge, la première de ces valeurs étant sans doute la défense de l'environnement et la protection de la nature. Il faut mettre du gris dans le vert. Les *papyboomers* retrouveraient ainsi leurs racines écologiques. Comme l'écrit Roszak[10] : « Pendant toute la période contemporaine, nous avons imaginé l'avenir comme la propriété culturelle de la jeunesse. Mais, s'agissant de notre avenir à long terme – la santé et la beauté de la planète – ce sont sans doute les anciens dont, étant donné le peu de temps qui leur reste, la sagesse a le plus à nous apporter. » Les seniors consultants en écologie, pourquoi ne pas tenter l'expérience ?

C'est chose faite outre-Atlantique. Il y a une dizaine d'années, l'AARP (l'association des retraités) s'est jointe à l'agence américaine de protection de la nature pour lancer l'Alliance environnementale pour l'implication des seniors. L'Alliance gère des groupes de travail qui contrôlent la qualité de l'eau, surveillent des espèces protégées, éduquent les jeunes, gèrent des dispensaires rudimentaires dans les quartiers pauvres. En fait, la liste des activités susceptibles d'être menée à bien par des personnes autonomes et intelligentes est sans doute sans limite, du fait précisément que ces « actifs » ne subissent pas les contraintes de la vie productive.

Dans son dernier ouvrage, *L'Exil et le royaume*, Albert Camus raconte l'histoire d'un peintre qui disparaît, laissant à la postérité une toile blanche dans le coin de laquelle est écrit un simple mot dont on ne sait pas s'il s'agit de « solidaire » ou « solitaire ». La trop brève vie de Camus peut être décrite comme l'hésitation entre la solitude de *l'Étranger* et la solidarité manifestée par le héros de *La Peste*. La contribution majeure que pourraient faire les seniors de demain au progrès de notre société est de démontrer que ces deux adjectifs ne sont pas antagonistes, mais complémentaires. Quand on avance en âge, il faut savoir être tout à la fois solidaire et solitaire. Nous avons déjà exploré les voies de la solidarité active.

Quelles sont les voies d'une solitude constructive ? Elles ne mènent évidemment pas à la désespérance existentialiste. Il s'agit d'une pratique destinée à nous permettre de tenir debout tous seuls, sans béquilles. Et d'abord à vivre avec nous-mêmes. Lire, observer, se promener dans la nature, méditer ou tout simplement rêvasser sont des actes que l'on peut accomplir seul, à n'importe quel âge. Et la pratique de la solitude est un ingrédient indispensable à la sagesse. On ne devient pas sage dans le bruit et l'engagement, mais dans le silence et la réflexion. Or la sagesse n'est-elle pas la plus importante contribution que la vieillesse peut faire à la jeunesse, tout simplement parce qu'il s'agit d'un attribut, d'une qualité de son âge ? L'une des dérisions de notre société contemporaine est qu'à coups de *lifting*, d'hormones et de clubs d'investissements, elle repousse indéfiniment l'horizon de la sagesse, comme si cette vertu lui faisait peur.

L'appétit pour la sagesse, suppose *a contrario* d'avoir renoncé à certaines trivialités matérielles. Mais la dépossession ne suffit pas à être sage, même si elle y aide. Un vieux révolutionnaire vivant dans le dénuement n'a rien d'un sage, c'est un vieux fou (ou un adolescent attardé). Il faut un ingrédient supplémentaire, l'espoir, mieux encore, ce que les chrétiens appelleront l'espérance. Il faut entrevoir une lumière au bout du chemin là où *l'Étranger* de Camus ne percevait que l'absurdité de l'existence humaine.

Il faut croire en somme que le sens de la vie transcende la vie. Nous entrons là dans le domaine de la spiritualité.

Dans l'Inde d'autrefois, bien avant la naissance d'Erik Erikson, la tradition voulait qu'une vie humaine soit partagée en quatre grandes périodes d'une vingtaine d'années chacune. Dite *brahmancharya,* la première étape était consacrée à la connaissance, à l'éducation, à l'apprentissage de la vie sous la conduite de la famille et de l'école. La seconde étape – *grihastha* – était celle de la maturité. L'homme s'établissait, fondait lui-même une famille, la nourrissait et restituait en partie l'acquis de ses années de formation. Aux environs de la quarantaine, la troisième étape, ou *vanprastha,* était marquée à la fois par un ralentissement d'activité, par l'émancipation des enfants et par la préparation à la quatrième étape. Si cette préparation, faite d'introspection et de méditation, était si longue, c'est que la quatrième étape, celle de la *sanyasa,* était la plus exigeante de toutes. Il s'agissait alors d'abandonner ses biens matériels et de vivre, seul ou en couple, dans la forêt ou aux abords des temples, de la charité publique. En somme, les Indiens pratiquaient avant l'heure et au sens littéral du terme la politique du « mourir fauché ».

La spiritualité nécessaire

Ce rituel n'est plus qu'une survivance. Mais les seniors indiens, désormais au chaud dans leurs *joint families*, n'ont pas oublié pour autant leurs traditions, ce qui ne surprendra pas d'un pays où la spiritualité fait partie, comme nulle part ailleurs dans le monde, de la vie de tous les jours. Et si la génération « moins, c'est plus » se donnait pour mission de respiritualiser le monde ?

La spiritualité a-t-elle bien sa place dans un monde dont les scientifiques ont convaincu ses habitants qu'il « n'avait pas besoin de l'hypothèse de Dieu » ? Restons pragmatiques. La spiritualité est comme les mauvaises herbes. Si on ne l'arrache pas (et même dans ce cas), elle a tendance à repousser. En 2002, une équipe de sociologues de l'université de Melbourne, en Australie, a longuement interrogé une soixantaine de personnes des deux sexes, âgées de 70 à 100 ans[11]. Le sujet proposé était « comment réussir sa vieillesse ». Concernant les conditions de cette réussite, la santé arrivait tout naturellement en tête, suivie de très près par l'activité, elle-même suivie par – surprise ! – le développement personnel. Singulièrement, le « bonheur » dont les médias et les psys font activement commerce, n'arrivait qu'en quatrième position. Commentaire d'un participant : « Je crois que l'essentiel est d'avoir un but. » Et réflexion des sociologues. « La religiosité joue un rôle chez certains participants. Elle leur permet notamment d'assumer les épreuves. La nécessité d'explorer la vie religieuse des gens devient plus évidente. »

Après avoir consacré vingt ans de sa vie active à faire de *Notre Temps* un magazine de premier plan, dont le concept a été repris dans une dizaine de pays, puis quinze années supplémentaires passées à militer pour une retraite active, Robert Baguet, 84 ans, lève le pied et s'occupe d'une épouse fragile. Il écrit aussi quelques lignes de ci de là pour ses petits-enfants. « Les belles pensées, les beaux gestes, les belles œuvres comblent le vide de la dépossession, observe-t-il. Je deviens riche de toute l'humanité. » Et, assis devant d'une tasse de café, il ajoute : « L'important, c'est d'avoir du bonheur à vivre en dépit des soucis. »

D'un milieu aisé, trois fois mariée, Amélie G., 91 ans, (dont plus de quarante consacrés à l'accompagnement psychologique), se contente désormais de peu. Elle dépense moins de 500 euros par mois pour vivre dans l'appartement, certes vaste, de sa fille célibataire, situé dans la Plaine Monceau, à Paris. De son propre aveu, ce petit bout de femme constamment en éveil vit, tenez-vous bien, « les plus belles années » de son existence. Et la nostalgie ? « À chaque âge, ses plaisirs. Quand je pense à tous ces gens qui se couchent tous les soirs dans le même lit depuis des lustres, je suis bien contente d'être veuve ! » Et l'ennui ? « Je n'en ai pas le temps. » Une partie de sa journée est consacrée à des lectures, souvent des Évangiles, qu'elle trouve « prodigieux ». Pratiquante fervente ? Pas vraiment. « Je ne vais qu'aux petites messes, à sept heures du matin, car on y prie vraiment. » Agnès écrit aussi, un roman sans fin dont elle égare les feuillets épars. Pour le reste, outre quelques consultations et les vernissages auxquels elle est invitée, elle passe son temps à observer, à se promener, à humer l'air dans le parc Monceau. « Bien sûr, j'ai peur comme tous les vieux de ne pas trouver de taxi ou de me faire bousculer dans la rue. En revanche, vous n'imaginez pas ce que la vie me fait comme cadeaux ! Tenez, un jour, assise sur un banc, je me suis vue devenir un arbre, une autre fois un oiseau. » Agnès ne fait plus grand-chose, elle se contente d'être. Mais quel rayonnement, quelle force d'existence. Peur de l'avenir, peur de la panne ? Il y a deux ans, elle a failli être terrassée par une pneumonie. « Depuis cette époque, j'ai un pied dedans, un autre dehors. Peu importe de quel coté je penche. Au fond, vous savez, on vit dans l'esprit. »

De telles vieilles dames à la fois actives et contemplatives, qui ne se plaignent jamais et à qui chaque jour apporte de nouvelles saveurs sont les ambassadrices de ce que pourrait être un monde meilleur où les seniors affranchis contribueraient à façonner de nouvelles valeurs à usage de ceux qui les suivent. Chacun a besoin de modèles, d'exemples à suivre. Et, dans notre monde gavé de matérialité, la sortie par le haut, le retour de la spiritualité représentent le message transmis des anciens aux jeunes que la vie ne s'arrête pas au compte-chèques.

POUR EN FINIR AVEC LA PEUR

La spiritualité est aussi le meilleur antidote à ce sentiment le mieux partagé du monde, qui ne cesse de tarauder chacun d'entre nous tout au long de sa vie et que nous nommons la peur. S'il ne faut plus avoir peur de la guerre ou de la non prise en charge par la « Sécu », qu'à cela ne tienne, le terrorisme, le chômage, la pollution, la perte possible d'un être cher, le cancer, les agressions, etc. sont là pour alimenter nos peurs quotidiennes. Or la phrase la plus souvent répétée dans la bible (trois cent soixante-cinq fois, dit-on), c'est « N'aie pas peur » ! Curieux, non ? Pas pour un chrétien qui croit à l'immortalité de l'âme et à la vie éternelle. Ni pour un bouddhiste tibétain ou pour un hindouiste qui s'évertuent à dissoudre leur ego. Ils ont en commun de croire qu'une partie de nous est indestructible et n'a donc rien à craindre du monde. « Ne vous inquiétez pas pour votre vie de ce que vous mangerez, ni pour votre corps de quoi vous le vêtirez, recommande Jésus dans l'évangile selon Luc[12]. Car la vie est plus que la nourriture et le corps est plus que le vêtement. Considérez les lis, comme ils ne filent ni ne tissent. Or, je vous le dis, Salomon dans toute sa gloire n'a jamais été vêtu comme l'un d'eux. Que si, dans les champs, Dieu habille de la sorte l'herbe qui est aujourd'hui et demain sera jetée au four, combien plus fera-t-il pour vous, gens de peu de foi ! »

Mon adolescence a été marquée par la personnalité imposante d'un grand directeur d'école, Louis Garrone, que nous appelions d'ailleurs « le patron », et dont les auteurs favoris s'appelaient Alain, Péguy et Saint-Exupéry. Quand on a quinze ans, Alain fait peur et Péguy fait bailler, mais Saint-Ex peut devenir un complice, surtout quand, tout jeune et vivant aux États-Unis, on a lu le texte du *Petit Prince* en anglais, la langue de sa première publication.

Le grand aviateur avait une obsession, rabâchée à souhait par Monsieur Garrone : « Donner un sens à sa vie et par là-même à sa mort. » Beau, certes, mais obscur. Et, soyons francs, d'une solennité que l'adolescence rejette. Enfin, que peut signifier la mort lorsque l'on a quinze ans ? Impossible, cependant de sortir de ma tête la formule de Saint-Ex. Garrone m'avait définitivement lavé le cerveau ! J'ai passé toute ma vie à chercher ce fameux sens. Était-ce le foyer, les enfants ? Le travail bien fait ? La participation à la vie publique ? La pratique de la charité ? ou tout cela à la fois ?

J'ai acquis la conviction que le sens de la vie est mutable. Les valeurs fondamentales auxquelles nous croyons restent les mêmes, mais leur dosage se modifie. Entre se prêter aux autres et se donner à soi-même, pour paraphraser Montaigne, le curseur se déplace. Et en fin de parcours ? J'en suis encore loin, je l'espère, mais l'activité devant nécessairement ralentir et l'avoir devenant de plus en plus dérisoire, la contemplation, la prière et, plus généralement, ce sentiment d'être qui irradie d'une vieille dame comme Amélie me paraissent représenter les valeurs dominantes. On arbitre progressivement de l'avoir contre de l'être.

Au-delà de leur sens profond, les simples vertus thérapeutiques des activités spirituelles comme la prière ou la méditation commencent à intriguer le corps médical. « Avoir la foi, c'est bon pour la santé », annonçait, en 2003, un article de la presse canadienne reproduit par *Courrier International*. Plus de mille deux cents études (dont 90% réalisées aux États-Unis) portant sur les liens entre la santé et la spiritualité ont été publiées au cours de la dernière décennie. Selon les travaux de l'épidémiologiste David Larson, avoir la foi et pratiquer sa religion prolongerait de 29% l'espérance de vie de femmes souffrant d'un cancer du sein. Le Dr Larson est, précisons-le, président d'un centre consacré à l'intégration de la santé et de la spiritualité. Et donc légitimement considéré comme suspect par les agnostiques ! Il n'empêche qu'avoir la conviction d'être protégé par une force suprême apaiserait. Et se sentir relié aux autres par ses croyances réconforterait.

Poussons cette dernière hypothèse un peu plus loin. Et imaginons qu'à côté des institutions de retraite et des maisons médicalisées pour personnes dépendantes, des groupes d'hommes et de femmes tentent l'aventure du monastère pour troisième (ou quatrième) âge ? Nombre de monastères sont aujourd'hui à l'abandon, faute de moines. Et si la génération « moins, c'est plus » leur redonnait vie, en s'y installant, en célibataires ou en couples ? Et en pratiquant, au XXIe siècle une vie communautaire certes orthodoxe, mais que l'on imagine moins stricte qu'au Moyen-Âge. Il serait étonnant que de telles structures de calme et de prière ne tentent pas certains croyants en fin de vie. On imagine d'ailleurs le rayonnement qui pourrait être le leur. La prière collective n'est pas un acte inutile. Dans notre monde peuplé de personnes de plus en plus inquiètes (toujours la peur), les énergies négatives se multiplient. Au nom de l'hygiène collective, il ne paraît pas inutile de leur opposer les « bonnes vibrations » de groupes humains qui croient en l'homme… et en Dieu.

Peut-on imaginer un retour de la spiritualité ? Aux États-Unis, le phénomène paraît en marche, et les églises se remplissent sous l'impulsion des Nouveaux Évangélistes. En France, en revanche, on observerait plutôt le contraire. En l'espace de dix ans, entre 1994 et 2003, si 62 % des Français se déclarent encore catholiques, ils ne sont plus que 24 %, contre 29 %, à considérer l'existence de Dieu comme une donnée certaine. Aussi *Le Monde* qui a commandité le dernier sondage CSA en partenariat avec *la Vie*, ouvre-t-il son compte rendu en résumant : « Des croyances en baisse, un catholicisme qui se maintient et des religiosités parallèles qui s'effondrent. » Nous voilà servis ! Pour porter notre confusion à son comble, le sondage révèle que nos concitoyens sont deux fois plus nombreux à croire que Jésus Christ est le fils de Dieu, qu'ils ne sont à être certains de l'existence du Père.

Quelques années plus tôt, dans *Vive le papyboom*, l'observateur éclairé qu'est Robert Rochefort se demandait quelle attitude les *babyboomers* vieillissants adopteraient à l'égard de la spiritualité. D'emblée, il reconnaissait que « ce sont eux qui ont vécu avec le plus d'intensité la laïcisation de ces dernières décennies ». Par ailleurs, « la montée de l'indifférence est beaucoup plus forte que la croyance ou l'opposition à la croyance ». Lui-même croyant, monsieur Rochefort remarque cependant que si la France est le pays d'Europe où la proportion de ceux qui se déclarent sans religion est la plus élevée (20 %), 27 % de nos plus de 60 ans se disent catholiques pratiquants. Contrairement aux assistés des Petits frères des pauvres, ils n'ont pas tous perdu la foi ! Prudent, l'auteur concluait en avouant ne pas savoir « de quelle façon et avec quelle intensité le XXIe siècle, celui des seniors, sera religieux ou spirituel ».

YIN CONTRE YANG

L'enquête CSA de 2003 donnerait peut-être à monsieur Rochefort un peu de cœur au ventre. Son examen détaillé fait ressortir le fait que c'est dans la population des grands seniors, âgés de plus de 65 ans, que l'on rencontre à la fois le plus grand nombre de sceptiques et le plus grand nombre de convaincus. Ce sont les plus de 60 ans qui sont les plus nombreux (42 %) à répondre « oui » à la question

« Maintenant, j'en ai fini avec la foi ». *A contrario*, 38 % d'entre eux, contre 32 % des Français, sont d'accord pour dire « Maintenant, je recommence à y croire ». Et la foi tient une place importante dans la vie de 45 % d'entre eux, alors qu'elle compte peu ou pas du tout chez 53 % des seniors. Le clivage est net, mais Dieu n'a pas encore perdu la partie !

Que le nouveau siècle soit dominé, au moins numériquement, par les seniors ne fait plus aucun doute. Mais que feront-ils de leur pouvoir ? Nous sommes toujours ramenés aux termes de la même alternative. S'ils choisissent de rester dans la matérialité de leurs avantages acquis, dans la prison dorée de l'avoir, ce siècle se terminera sans doute dans un bain de sang. Car il n'y en aura pas pour tout le monde. Les seniors eux-mêmes finiront leur vie dans l'amertume, la solitude et peut-être le dénuement. En revanche, s'ils arbitrent un peu moins d'avoir contre un peu plus d'être, s'ils opèrent un progressif glissement de la matérialité vers la spiritualité, qu'elle soit chrétienne ou autre, peu importe, alors non seulement ils feront la fameuse « place aux jeunes », mais ils leur donneront un modèle de vie, pardon de fin de vie, dont le monde entier a besoin pour ne pas sombrer dans l'existentialisme. Ce seront alors de vrais seniors (chefs) au sens latin du terme. On comprend mieux ce qu'a pu vouloir dire André Malraux, lorsqu'il prononça cette phrase aussi troublante qu'apocryphe : « Le XXIe siècle sera spirituel (était-ce religieux ?) ou ne sera pas. » De fait si les seniors ne lâchent pas prise, notre monde court un grave danger de dislocation. Mais ils peuvent aussi jeter les bases d'un monde différent de celui dans lequel nous vivons.

Ce monde aura quelque chose de singulier et d'unique dans l'histoire de l'humanité. La partie active – adulte – des vies humaines ne cessera pas d'être occupée à défendre, quel que soit notre sexe, notre pré carré professionnel et personnel, à exprimer les valeurs de courage, d'agressivité, de force psychologique, de compétitivité, de nouveauté que l'on prête volontiers à l'âge adulte. Or, ces valeurs renvoient toutes sinon aux hommes, du moins au masculin ou au *yang* qui est en nous. Au point que le monde actuel est profondément déséquilibré, du fait d'un trop plein de masculinité, de dynamique (par rapport au statique), de yang dur par rapport au yin mou, lunaire, harmonieux, doux et répétitif. Le grand âge ne modifie en rien ce déséquilibre, dans la mesure où les seniors d'aujourd'hui, épris de jeunisme, reproduisent et singent les comportements des générations suivantes. Cette démarche vaine doit pouvoir changer. Si, une fois sortis du darwinisme *yang* de la vie professionnelle, les *papyboomers* se transforment en génération « moins, c'est plus », s'ils acceptent non seulement de donner, mais aussi de nourrir physiquement aussi bien qu'intellectuellement, s'ils aspirent à promouvoir le vaste réveil spirituel dont notre Terre a besoin, alors ils apporteront au monde une grande bouffée de yin, ils rétabliront progressivement l'équilibre en faveur de valeurs féminines comme l'écoute de l'autre, le respect de la nature, le foyer ou la compassion. Ils montreront ainsi aux générations qui suivent que nous pouvons bâtir ensemble un monde plus équilibré, plus humain, en somme un monde meilleur dans lequel, pour les plus anciens, la survie aura cédé le pas au plus de vie.

NOTES

AVANT-PROPOS

1. Selon mon arrière-arrière-grand-père Cornélis de Witt, cité par l'académicien Gabriel de Broglie dans sa remarquable biographie publiée chez Perrin, Guizot aurait prononcé cette phrase devant ses électeurs de Lisieux. Certains adversaires politiques de l'homme d'État ont admis l'avoir tronquée à des fins politiques. Mais Guizot lui-même ne l'a jamais authentifiée.
2. *Die Broke*, Harper Business, 1997.

1- PLACE AUX SENIORS

1. *Vive le Papyboom*, Ed. Odile Jacob, 2000.
2. Jean-Michel Hourriez et Bernard Legris, Économie et Statistique, 1995.
3. Caisse nationale d'assurance vieillesse.
4. INSEE Première, mars 2001.
5. Défini comme la moitié du revenu médian par unité de consommation soit 3 500 francs pour une personne seule.
6. *Le pouvoir et le rôle économique des plus de 50 ans*, Crédoc, 1996.
7. *Le pouvoir et le rôle économique des plus de 50 ans*, op. cit.
8. *Vive le Papyboom*, op. cit.
9. Résultats provisoires de l'enquête 2004 sur le patrimoine des ménages.
10. *Vive le Papyboom*, op. cit.
11. *Les aspects financiers du vieillissement de la population*, Conseil national du crédit et du titre.
12. Direction générale des impôts.
13. *The macroeconomic impact of aging*.

14. Allemagne, Australie, Belgique, Canada, Espagne, États-Unis, France, Italie, Japon, Pays-Bas, Royaume-Uni, Suède.
15. L'épargne-retraite individuelle pour tous sera introduite par la loi Fillon sur les retraites d'août 2003. Six mois seulement après son lancement, l'un des dispositifs de cette loi, le plan d'épargne-retraite populaire (ou PERP) avait déjà rencontré un franc succès, notamment auprès des jeunes salariés.
16. *Le choc de 2006*, Ed. Odile Jacob, 2003.
17. *Le pouvoir et le rôle économique des plus de 50 ans*, op. cit.
18. Ed. La Découverte, 2000.
19. Daube, en verlan, c'est-à-dire haschisch.

2- LE COÛT DE LA VIE

1. Mars 1997, septembre 2001, février 2004.
2. *Vive le Papyboom*, op. cit.
3. Économie et Statistique, numéro 324-325,1999.
4. Dunod, 2001.
5. IPSOS Senior Attitudes.
6. Boursoscan 2004.
7. Rapport du Haut conseil pour l'avenir de l'assurance maladie, janvier 2004.
8. Enquête santé et Protection Sociale, Credes, 2000.
9. Caisse nationale d'assurance maladie.
10. *Retraite et société*, juin 2003.
11. *La retraite à 70 ans ?*, Belin, 2004.

4- LA HANTISE DE LA PANNE

1. *Retraite et Société*, op.cit.
2. Enquêtes Handicap-incapacité-dépendance réalisées en 1998 et 1999.
3. J-M. Robine, P. Mormiche, E. Cambois, 1994.
4. *Retraite et Sociéte*, op. cit.
5. *Mieux Vivre Votre Argent*, mai 2004.
6. Faire sa toilette, s'habiller, se déplacer, s'alimenter.
7. En présentant son « plan Alzheimer » le 13 septembre 2004, le ministre de la Santé Philippe Douzte-Blazy a estimé à 800 000 le nombre de Français atteints de cette affection « ou de maladies apparentées ». Une

note diffusée le même jour sur le site Internet de son ministère faisait état d'un nombre de malades compris entre 600 et 750000. Quel est le bon chiffre ?

5- GÉNÉROSITÉ LIMITÉE

1. Si le don est supérieur à ce pourcentage, il est reportable pendant cinq ans.
2. *Il n'y a pas d'âge pour donner*, Jacques Malet, Observatoire de la générosité et du mécénat, mars 2003.
3. *Baromètre de la générosité*, Observatoire de la générosité et du mécénat, décembre 2003.
4. *La vie associative en 2002*, INSEE Première, février 2003.
5. *La générosité des Français*, Sylvie Malsan et Jacques Malet.
6. *État des lieux de la connaissance sur les dons d'argent*, janvier 2004.
7. « Le don des nouvelles générations : la rupture ? ».
8. Enquête CNAV *Trois Générations*, 1992.
9. *Les aides financières entre ménages*, Insee Première, avril 1996.
10. Enquête CNAV op. cit.
11. France, Allemagne, Italie, Royaume-Uni.
12. *Successions et dons en 1994*, INSEE Première, juin 1997.
13. *Les mutations à titre gratuit*, Les notes bleues de Bercy, novembre 2002.
14. Chaque grand-parent peut donner tous les dix ans 30000 euros à chaque petit-enfant sans payer de droits.
15. *Successions et donations : des mutations nécessaires*, Sénat, dec. 2002.
16. Des travaux plus récents (Havens & Schervish, 1999) chiffrent les transferts à plus de quatre fois ce montant !

6- PARTAGE, MODE D'EMPLOI

1. *Die broke*, op. cit.
2. La compagnie d'assurances britannique Aviva offre de longue date des rentes viagères à des souscripteurs très âgées, une pratique qui n'est pas courante, au moins en France. Si le souscripteur de 75 ans accepte un taux de revalorisation de ses capitaux d'au moins 2,5% par an, pour 1000 euros de capital confié à la compagnie, il commencera par toucher 85,29 euros de rente annuelle s'il est seul et 68,125 euros si son épouse a le même âge que lui et qu'elle bénéficie, à son décès, de la

même rente. Plus l'on avance en âge et plus le taux de conversion d'un capital en rente augmente.

7- FORTUNES SANS FONDATIONS

1. John J. Havens et Paul G. Schervish.
2. *Ces deux cents familles qui possèdent la France*, Hachette littérature/Challenges, 2003.
3. En cas de succession, le code civil attribue aux enfants la réserve héréditaire, soit 50 % de la masse successorale en cas d'enfant unique, 67 % s'il y a deux enfants et 75 % s'ils sont trois et davantage.
4. Les dossiers de l'iFRAP, février 2001
5. La doctrine de Conseil d'État était que le conseil d'administration d'une fondation devait être composé d'un tiers de fondateurs, d'un tiers de personnalités qualifiées et d'un dernier tiers de « membres de droit », en l'occurrence des représentants de la puissance publique. De quoi refroidir les ardeurs des capitalistes !
6. Pour être exact, la fortune de Gates devrait être minorée du montant transmis à sa fondation. Le fondateur de Microsoft n'est plus depuis longtemps « l'homme le plus riche du monde ». À la mi-2004, Il ne détenait plus que 11 % du capital de la société.
7. Et, indirectement, celui des entreprises dans lesquelles Buffett exerce un certain pouvoir.

8- L'ÂGE D'OR

1. Grasset & Fasquelle, 1997.
2. *To have or to be*, Abacus books.
3. Desclée de Brouwer.
4. Folio.
5. *Longevity Revolution*, Berkeley. Hills Books, 1998.
6. WW Norton, 1997.
7. Voir chapitre 4, page 89.
8. Putnam, 1999.
9. Fayard, 2000.
10. *Longevity Revolution*, op. cit.
11. *Successful Aging*, Baywood Publishing, 2003.
12. Luc 12, versets 22, 27-28.

TABLE

• • • SAGIM • CANALE • • •

Achevé d'imprimer en octobre 2004
sur rotative Variquik
à Courtry (77181)

Imprimé en France

Dépôt légal : octobre 2004
N° d'impression : 7879

ISBN: 2.8494.1015.2
966.204.7